ELOGIOS INTERNACIONALES

El esloveno chalado, un carismático filósofo croata y el más peligroso político griego han unido fuerzas para brindarnos un análisis del atasco en el que está metida Europa; lo hacen de forma tan mordaz como impresionante y con una inteligencia implacable. ¡Todos los europeos de verdad, todos los que sean fieles a la verdadera Europa, tienen el deber de leer este libro!

OLIVER STONE

Un espectro recorre Europa, el espectro de la resistencia en contra de la siniestra denegación, por parte de las élites europeas, de que algo huele a podrido en los fundamentos mismos de nuestro continente. Žižek y Horvat, con la ayuda y la instigación de nada menos que el líder del partido griego de izquierda radical, animan ese espectro.

En las páginas de este libro resuena su poderoso esfuerzo por demoler la campaña de propaganda orwelliana que la Unión Europea está padeciendo.

Todo lector que se preocupe por Europa tiene el deber de compartir la energía que ellos emanan tanto si están de acuerdo con ellos como si no lo están.

YANIS VAROUFAKIS

El Sur pide la palabra

Sᴿᴇᶜᴋᴏ Hᴏʀᴠᴀᴛ ʏ Sʟᴀᴠᴏᴊ Žɪžᴇᴋ

EL SUR PIDE LA PALABRA

El futuro de una Europa en crisis

Traducción de
Enrique Murillo

los libros del lince

Imagen y diseño de cubierta e interiores: DGB (Diseño Gráfico Barcelona)

Primera edición: febrero de 2014
Edición a cargo de Ana Domínguez Rama
Corrección de pruebas: M.ª Jesús Rodríguez
Título original: *What Does Europe Want? The Union and its Discontents*
© Srećko Horvat, 2014
© Slavoj Žižek, 2014
© de la traducción: Enrique Murillo, 2014
© de esta edición: Los libros del lince, s. l., 2014
Av. Gran Via de les Corts Catalanes 702, pral. 1.ª
08010 Barcelona
www.loslibrosdellince.com
info@loslibrosdellince.com
Facebook: www.facebook.com/loslibros.dellince
Twitter: @librosdellince

ISBN: 978-84-15070-39-9
IBIC: JP; JPW; KC; 1D
Depósito legal: B. 333-2014

ÍNDICE

LA DESTRUCCIÓN DE GRECIA: UN MODELO EUROPEO. (¿MERECE EUROPA UN PORVENIR ASÍ?)

Alexis Tsipras

Desde mediados de la década de los noventa, y durante casi todos los años de este siglo, Grecia vivió una fase económica de expansión. Las principales características de este crecimiento económico eran, para los ricos, un enriquecimiento gigantesco y libre de presión fiscal; y, para los pobres, un sobrendeudamiento y un paro siempre crecientes. Se había producido el saqueo del dinero público mediante diversos procedimientos, y, en lo esencial, el sistema económico se dio por satisfecho favoreciendo el consumo de bienes de importación procedentes de los países europeos ricos. Las agencias de calificación consideraban que el modelo basado en la combinación «dinero barato, mano de obra barata», por escaso que fuera su dinamismo, era el ejemplo que debían seguir todas las economías emergentes.

Pero la crisis de 2008 provocó el violento final de todo aquello. Los bancos, como consecuencia de sus apuestas especulativas, se vieron de golpe sometidos a un grado peligroso de endeudamiento, y sólo mantuvieron la salud gracias a las ayudas del dinero público. Sin embargo, los Estados decidieron que el peso de la salvación de los bancos recayera en cada país sobre la sociedad. El sesgado modelo de desarrollo que Grecia había aplicado terminó desplomándose y, cuando ya no pudo seguir pidiendo nuevos préstamos a los mercados, se encontró con que dependía por completo del dinero del FMI y del Banco Central Europeo, cuyos préstamos fueron acompañados de unas medidas draconianas.

Este programa, que los Gobiernos griegos han aceptado sin rechistar, presenta dos aspectos: el de la «estabilización», y el de las «reformas». Unos términos cuya connotación positiva pretende enmascarar la catástrofe social que provocan. La llamada «estabilización» prevé que se apliquen medidas como: una fiscalidad indirecta de consecuencias devastadoras; unos recortes del gasto público cuya amplitud no admite comparaciones; el desmantelamiento del Estado providencia, sobre todo en los ámbitos de la sanidad, la educación y la seguridad social; y también numerosas privatizaciones, incluyendo las de bienes públicos tan fundamentales como el agua y la energía. Las llamadas «reformas» suponen la liberalización del despido, la supresión de los convenios colectivos, la creación de unas «zonas económicas especiales» y, en general, la aplicación de reglamentaciones pensadas para que los más poderosos intereses económicos puedan hacer inversiones en Grecia con condiciones literalmente propias de la época colonial, como si nuestro país fuese una región subsahariana. Y todo lo que antecede no es más que una parte ínfima de las actuaciones previstas en el memorándum griego, es decir, en el acuerdo que Grecia ha firmado con el FMI, la Unión Europea y el Banco Central Europeo.

Se suponía que estas medidas permitirían a Grecia salir de la crisis. El riguroso programa de «estabilización» debía producir unos excedentes presupuestarios que harían que Grecia no necesitara préstamos y que, además, pudiera ir devolviendo parte de su deuda pública; mientras que las «reformas» debían permitir que el país recuperase la confianza de los mercados, los cuales, ante el desmantelamiento del Estado providencia y un mercado laboral sobresaturado de trabajadores a bajo coste, desesperados y desprovistos de protección, se lanzarían precipitadamente a invertir sus capitales en Grecia. De este modo se abriría el camino hacia una nueva fase de «crecimiento», que por cierto no está produciéndose en ningún lugar que no sean los Libros Sagrados y los más perversos cerebros del neoliberalismo mundial.

Se suponía que estas medidas debían aplicarse de forma rápida, inmediata, a fin de posibilitar que Grecia entrase de nuevo en la senda del crecimiento; sin embargo, transcurridos tres años desde la firma del memorándum, la situación va de mal en peor. La economía se hunde cada vez más por la crisis y, como es evidente, no se pagan impuestos por la sencilla razón de que la gente no tiene con qué pagarlos. La reducción del gasto público ha llegado hasta el corazón mismo de la cohesión social, y ha creado unas condiciones cuyas consecuencias suponen una verdadera crisis humanitaria. Permítaseme que sea más preciso: estamos hablando de personas que comen lo que encuentran en los cubos de basura y que duermen en las aceras; de pensionistas a los que no les alcanza ni para comprar el pan; de hogares que no tienen electricidad; de enfermos que no tienen acceso ni a los medicamentos ni a los cuidados básicos; y todo esto está ocurriendo en un país que pertenece a la eurozona.

Como es obvio, los inversores no han acudido a Grecia, ya que sigue siendo factible que el país termine en un proceso de «bancarrota ordenada». Y los autores de este memorándum, cada vez que se produce una nueva tragedia, insisten en aplicar más impuestos y más recortes en el gasto público. La economía griega ha entrado en el círculo vicioso de la recesión incontrolada, una espiral que no conduce a ninguna parte, como no sea a la destrucción total.

El plan de «salvamento» griego (otra palabrita agradable que se usa para describir el proceso de destrucción) ignora un principio básico: la economía funciona igual que las vacas. Se trata de comer hierba y producir leche. Es imposible reducir en tres cuartas partes la cantidad de hierba que come la vaca y al mismo tiempo exigirle que cuadriplique su producción de leche. Esa vaca subalimentada moriría, simplemente. Y eso es en realidad lo que le está ocurriendo ahora a la economía griega.

La izquierda griega[1] comprendió desde el primer momento que la austeridad iba a agravar la crisis en lugar de ponerle remedio.

---

1. En la actualidad, en Grecia la palabra «izquierda» se aplica sólo a los partidos situados a la izquierda de la socialdemocracia. *(N. del T.)*

Cuando vemos que una persona está ahogándose, no le atamos un peso a los pies, sino que le damos un salvavidas. En cuanto a los talibanes del neoliberalismo, ellos siguen insistiendo, incluso a fecha de hoy, en afirmar que todo se arreglará. Mienten, y lo saben... Todos, excepto aquellos de entre ellos que son imbéciles. Pero no es cuestión de imbecilidad ni de dogmatismo. Incluso algunos de los principales dirigentes del FMI se han referido ya a la existencia de un «error» en la concepción misma del programa de austeridad que se está aplicando en Grecia. Dicen que no llevará a ningún lado porque la recesión que está provocando se encuentra, sencillamente, fuera de cualquier control. Y, a pesar de todo, con testarudez inaudita, se sigue aplicando ese programa e, incluso, endureciéndolo más y más. Es obvio que no se trata de salvar a Grecia, sino de otra cosa.

La verdad es que lo que le interesa a Europa, lo que le interesa al FMI, no es que la economía griega salga de la crisis. El principal objetivo que persiguen esas instituciones es que el modelo que se está imponiendo a Grecia sea más adelante el modelo que deben y deberán seguir todas las economías europeas en situación de crisis. Este programa pone punto final a lo que, en la Europa de la posguerra, se conoció como el «contrato social». No importa demasiado que Grecia termine declarándose en bancarrota y hundiéndose en la miseria. Lo que cuenta es que se haya empezado a hablar abiertamente, en un país de la eurozona, de salarios de niveles chinos, de la cancelación del derecho al trabajo, de la destrucción de la seguridad social y del Estado providencia, y de la privatización integral de los bienes públicos. Con la excusa de la lucha contra la crisis, el sueño de los más perversos neoliberales —ese sueño que, tras los años noventa, se libró de la fortísima resistencia que le opusieron hasta entonces las sociedades europeas— ha terminado haciéndose realidad.

Pero Grecia no es más que la primera parte. La crisis de la deuda soberana ya ha contagiado a otros países del Sur europeo y va penetrando en el corazón mismo de la UE. Eso es, por tanto, lo que significa el magnífico ejemplo griego: el único objetivo que alcanzarán quienes cedan a los ataques especulativos de los mercados es la destrucción total y absoluta de cualquier vestigio del Estado providencia, tal como está ocurriendo ahora mismo en Grecia. En España y Portugal, los memorándums ya están forzando cambios de esta naturaleza. Pero donde mayor visibilidad adquiere esta estrategia es en el Tratado Europeo de Estabilidad, que Alemania quiere aplicar al conjunto de la UE. De acuerdo con este proyecto, los países miembros ya no pueden elegir libremente su política económica; a partir de su aprobación, las principales instituciones de la Unión Europea se arrogan el derecho a intervenir en las decisiones presupuestarias e imponer medidas fiscales drásticas, a fin de reducir el déficit público de los Estados miembros. Y allá se las compongan las escuelas, las guarderías, las universidades, los hospitales públicos, los programas sociales. Y si los pueblos se sirven de la democracia como escudo frente a la austeridad, allá se las componga también la democracia.

Hablemos claro. Este modelo europeo generalizado no significa el salvamento de Grecia, sino su destrucción. El futuro europeo, poblado de banqueros felices y sociedades desdichadas, ya ha sido planificado. En este modelo de desarrollo, el capital es el jinete, y las sociedades son el caballo. Se trata de un proyecto ambicioso, pero que no irá muy lejos, porque no se podrá aplicar ningún proyecto que no cuente con el consentimiento de la sociedad, que no brinde a los más débiles algunas garantías. Esto es algo que la élite dirigente europea parece haber olvidado. Pero, mucho antes de lo que esa minoría cree, los pueblos se van a enfrentar a esas minorías.

El ocaso del «capitalismo neoliberal real» —el capitalismo más agresivo que jamás haya visto la humanidad, el que lleva dos decenios triunfando— ya ha comenzado. Después del naufragio de Lehman Brothers ha habido dos estrategias opuestas de salida de la crisis, que muestran dos visiones enfrentadas de la economía mundial. La política de fomento del crecimiento, que utiliza el aumento de la masa monetaria, la nacionalización de la banca y el aumento de los impuestos a los ricos; y, enfrente, la estrategia de la austeridad, que consiste en transferir el peso de la deuda bancaria a los Estados, lo que supone hacer que sean las clases medias y populares las que lo sostengan sobre sus hombros, y cuya carga fiscal aumenta para permitir que los ricos sigan defraudando al fisco. Los dirigentes europeos han elegido la segunda estrategia; pero ya están viendo cómo muchos se enfrentan a esa política al comprobar que conduce a callejones sin salida, y debido también al conflicto histórico que está provocando en Europa. Un enfrentamiento, en apariencia, territorial: Norte contra Sur; pero que en el fondo es un enfrentamiento de clases, que remite a las dos estrategias a las que acabo de referirme. En efecto, la segunda de ellas defiende el dominio absoluto e incondicional del capital, sin preocuparse lo más mínimo por la cohesión social y el bienestar de todos, mientras que la primera defiende la Europa de la democracia y de las necesidades sociales. La batalla ya ha empezado.

Así pues, existe una alternativa frente a la crisis: que las sociedades europeas se protejan a sí mismas de las maniobras especulativas del capital financiero; que la economía real se emancipe del imperativo del beneficio; que acaben de una vez el monetarismo y la política fiscal autoritarios; que se vuelva a pensar en el sentido auténtico del crecimiento, estableciendo como criterio prioritario el interés de la sociedad; que inventemos un nuevo modelo productivo, fundado en unos empleos decentes, una ampliación de los bienes públicos y la protección del medio ambiente. Es muy evidente que este punto de vista no figura en la agenda de las discusiones que mantienen los dirigentes europeos. Les corresponde a los pueblos y a los trabajadores europeos, a los movimientos de los indignados, marcar con su sello el curso de la historia, y evitar el pillaje y el fiasco a gran escala.

La experiencia de los últimos años conduce a la siguiente conclusión: hay una ética de la política, y una ética de la economía. Después de 1989, la ética de la economía comenzó a imponerse sobre la ética de la política y la democracia. Todo lo que servía a los intereses de dos, cinco, diez grupos económicos poderosos pasó a ser considerado como legítimo, incluso cuando estaba en contra de los derechos humanos más fundamentales. Hoy tenemos el deber de restablecer la hegemonía de los principios éticos y sociales, y contraponerla a la lógica del beneficio.

¿Cómo lo vamos a conseguir? Gracias a la dinámica de las luchas sociales. Ante todo, destruyendo de una vez por todas el dogal de la pasividad social en el que se basa la construcción europea desde 1989. La intervención activa de las masas en los asuntos políticos es precisamente aquello que más temen las élites dominantes, tanto en Europa como en el resto del mundo. Hagamos lo necesario para que sus temores se conviertan en realidad.

La orientación escogida por los poderes económicos dominantes es evidente; elaboremos, pues, nuestra propia orientación política y social. Y defendámosla por todos los medios, tanto a escala de la Unión Europea como a escala local. Desde los puestos de trabajo, las universidades y los barrios, hasta conseguir una acción colectiva y coordinada en todos los países europeos. Es un combate de resistencia que sólo alcanzará la victoria si consigue que Europa tenga un programa alternativo. Hoy en día no es cierto que haya un enfrentamiento entre los países deficitarios y los excedentarios, ni luchan tampoco los pueblos disciplinados contra los pueblos irascibles. El verdadero enfrentamiento es el combate entre el interés de las sociedades europeas y la exigencia de un capital que pretende conseguir incesantes beneficios.

Tenemos el deber de defender los intereses sociales europeos. De lo contrario el porvenir, el nuestro y el de nuestros hijos, será siniestro, incierto, y mucho peor de lo que hemos podido imaginar en nuestros peores miedos de los decenios anteriores. El modelo de desarrollo construido partiendo del principio de la libertad de los mercados ha fracasado. A partir de ahora, las potencias dominantes lanzarán sus ataques contra la sociedad, tanto en contra de los derechos que ha conquistado como en contra de su cohesión. Esto es lo que está pasando en Grecia; y es la orientación que se quiere imponer en el resto de Europa. Defendámonos, pues, por todos los medios necesarios. Y transformemos las resistencias sociales, que no paran de emerger y crecer, en un movimiento de solidaridad y de estrategia colectiva, en defensa de todos los pueblos de Europa.

El futuro no pertenece al neoliberalismo ni a los banqueros, ni tampoco a unas docenas de poderosas multinacionales. El futuro pertenece a los pueblos y a las sociedades. Ha llegado la hora de abrir paso a una Europa democrática, social y libre. Porque ésa es la única solución duradera, realista y realizable, la única que nos permitirá salir de la crisis actual.

Alexis Tsipras,
Grecia, marzo de 2013

CUANDO ROMPES LOS HUEVOS Y TE QUEDAS SIN LA TORTILLA: DE CHIPRE A GRECIA

Slavoj Žižek

Se cuenta una anécdota (tal vez apócrifa) sobre John Galbraith,[2] el economista keynesiano de izquierdas. Antes de realizar un viaje a la URSS a finales de los años cincuenta, Galbraith escribió una carta a su amigo Sidney Hook, en la que sostenía que era anticomunista: «No te preocupes, ¡no me van a seducir los soviéticos ni regresaré a casa proclamando que ellos sí han alcanzado el socialismo!». A vuelta de correo, Hook le contestó: «Pero si eso es preciamente lo que me preocupa, ¡que regreses de allí diciendo que la URSS NO es socialista!». Lo que preocupaba a Hook era que se pudiera llevar a cabo una defensa ingenua de la pureza de la idea, que se afirmara que si las cosas no iban bien en el proceso de construcción de una sociedad socialista era sólo porque el proceso no se había desarrollado de un modo correcto... ¿Acaso no podríamos detectar la misma clase de ingenuidad hoy en día entre los fundamentalistas del mercado? Cuando, en un reciente debate en la televisión francesa, Guy Sorman aseguró que democracia y capitalismo van forzosamente de la mano, no pude resistir la tentación de hacerle una pregunta obvia: «¿Y qué me dice de lo que pasa hoy en China?». A lo cual él replicó: «¡En China no hay capitalismo!». De manera que para un fanático procapitalista como Sorman, si un país no es democrático significa simplemente que no es auténtica-

---

2. John Kenneth Galbraith. *(N. de la E.)*

mente capitalista, sino que practica una versión desfigurada del capitalismo, exactamente del mismo modo en que para un comunista demócrata el estalinismo era, simplemente, una forma no auténtica de comunismo.

El error subyacente puede ser identificado de manera sencilla. Igual que ocurre en ese chiste tan conocido: «Mi novia no llega nunca tarde a una cita, ¡porque si llegase tarde dejaría de ser mi novia!». De esta manera los defensores del mercado explican hoy la crisis de 2008, utilizando un secuestro ideológico inédito. Dicen que no fue el fracaso del mercado libre lo que provocó la crisis, sino el exceso de regulación de los mercados por parte de los Estados; es decir, el problema radicó en el hecho de que no tuviéramos una economía de mercado digna de ese nombre, ya que se encontraba todavía maniatada por el Estado de bienestar... Cuando nos aferramos a esa exigencia de pureza por parte del capitalismo de mercado, y le quitamos toda importancia a sus fallos porque los consideramos meros contratiempos, terminamos cayendo en una forma de progresismo ingenuo que ejemplifica bien el semanario *The Spectator* en su número del día 15 de diciembre de 2012. Comienza con el editorial titulado «¿Por qué 2012 fue el mejor año de la historia?», en el que se ataca la idea de que «vivimos en un mundo cruel y peligroso en el que todo va mal y tiende a ir a peor». Veamos el párrafo inicial:

> Puede que no lo parezca, pero 2012 ha sido el mejor año en la historia de la humanidad. Quizá parezca extravagante afirmarlo, pero hay pruebas de que es así. Jamás ha habido menos hambrunas, menos enfermedades, más prosperidad. El mundo occidental sigue en pleno estancamiento económico, pero la mayoría de los países en vías de desarrollo sigue avanzando, y la gente está saliendo de la pobreza más rápidamente que nunca. La tasa de mortalidad provocada por las guerras y por los desastres naturales también es afortunadamente baja. Vivimos en una edad de oro.[3]

3. El editorial puede consultarse en: <http://www.spectator.co.uk/the-week/leading-article/8789981/glad-tidings/>.

Es la misma idea que desarrolla Matt Ridley. En el resumen promocional de su libro *El optimista racional* dice lo siguiente:

> Se trata de una réplica contundente al pesimismo dominante de nuestro tiempo; una demostración de que, por mucho que nos guste pensar lo contrario, las cosas están mejorando. Hace diez mil años vivían en el planeta menos de diez millones de personas. Hoy vivimos en la Tierra más de seis mil millones, y el 99 % de estos habitantes están mejor alimentados y viven en casas mejores, disfrutan de mejores entretenimientos y gozan de mejor protección frente a las enfermedades que sus antepasados de la Edad de Piedra. La disponibilidad de casi cualquier cosa que pueda desear o necesitar una persona cualquiera ha ido aumentando de forma acelerada durante los doscientos últimos años: calorías, vitaminas, agua potable, maquinaria, intimidad, medios de transporte más rápidos que nuestra más veloz carrera a pie, y la posibilidad de comunicarnos entre nosotros a distancias muy superiores al alcance máximo de nuestros gritos. A pesar de todo, y extrañamente, por mucho que todo siga mejorando respecto al pasado, la gente prefiere aferrarse a la idea de que el futuro no va a traernos más que desastres.[4]

Y encontramos más de lo mismo en el texto promocional del libro *Los ángeles que llevamos dentro*, de Steven Pinker:

> Tanto si se lo creen como si no, vivimos en el momento más pacífico de la existencia de nuestra especie. En el nuevo, apasionante y polémico libro de Steven Pinker, un autor cuya obra siempre alcanza las listas de más vendidos de *The New York Times*, se nos muestra que, a pesar de las constantes noticias sobre guerras, crímenes y terrorismo, lo cierto es que la violencia lleva un larguísimo periodo histórico en franco descenso. En este ambicioso libro, Pinker des-

---

4. Véase <http://www.rationaloptimist.com/>. Matt Ridley: *The Rational Optimist. How Prosperity Evolves*, Harper, Nueva York, 2011. [Versión en castellano: *El optimista racional*, Taurus, Madrid, 2011]. *(N. de la E.)*

monta el mito de la violencia intrínseca de la humanidad, el mito
que habla de la maldición de la modernidad, y sigue desarrollando
su exploración de la esencia humana, combinando la psicología y la
historia para proporcionar al lector una imagen sorprendente que
habla de un mundo cada vez más alejado de las tinieblas.[5]

Añadiendo un amplio número de condicionantes, se pueden
aceptar muy por encima los datos de los que hablan estos «racio-
nalistas»: en efecto, vivimos sin duda mejor de lo que vivían nuestros antepasados de la Edad de Piedra hace diez mil años, e incluso
un preso de Dachau (el campo de *trabajo* nazi; aunque no puede
decirse lo mismo del de Auschwitz, el campo de *exterminio*) probablemente viviera algo mejor que un esclavo de los Mongoles.
Etcétera, etcétera. Pero esta historia pasa por alto algunos elementos importantes.

Existe una versión menos elevada de esta misma idea que sole-
mos escuchar en los medios de comunicación, como ocurre con la
frase citada de *The Spectator*, pero sobre todo en los medios de los
países no europeos. ¿Crisis, qué crisis? Fijémonos en los BRIC
—Polonia, Corea del Sur, Singapur, Perú, e incluso muchos países
subsaharianos— y comprobaremos que todos ellos están progre-
sando. Los perdedores son sólo los países de Europa occidental o,
hasta cierto punto, Estados Unidos, de manera que ésta no es una
crisis global, pues solamente se ha producido un desplazamiento
de la dinámica del progreso, que ahora se va alejando de Occidente. ¿Acaso no demuestra de manera portentosa la realidad de este
desplazamiento el hecho de que mucha gente esté saliendo ahora
de Portugal, un país en el que la crisis es muy profunda, para regresar a Angola y Mozambique, antiguas colonias portuguesas, aunque esta vez quienes se van a vivir allá no lo hagan ya como coloni-
zadores, sino como emigrantes por causas económicas? ¿Qué

---

5. Steven Pinker, *The Better Angels of Our Nature: Why Violence Has Decli-
ned*, Penguin Books, Londres, 2012. [Versión en castellano: *Los ángeles que llevamos dentro: el declive de la violencia y sus implicaciones*, Paidós, Barcelona, 2012].
(N. de la E.)

pasaría si esa crisis tan traída y llevada fuese sólo una crisis local dentro de un contexto global de crecimiento? Incluso en relación con los derechos humanos: ¿acaso la situación actual en China y Rusia no es en estos momentos mejor que la de hace cincuenta años? En ese caso, los lamentos por la crisis actual como un fenómeno global serían la típica muestra de eurocentrismo, y además un error clásico de los izquierdistas, que suelen enorgullecerse de no ser víctimas de la ideología eurocentrista.

Sin embargo, sería bueno refrenar esa alegría anticolonialista. Lo que debemos preguntarnos es si Europa ha entrado en una fase de decadencia gradual, *¿hay algo que esté reemplazando su hegemonía?* La respuesta es «el capitalismo con valores asiáticos», lo cual no tiene por supuesto nada que ver con los habitantes de Asia, y todo que ver en cambio con la tendencia actual del capitalismo contemporáneo, que pretende dejar en suspenso la democracia. De Marx en adelante, la izquierda verdaderamente radical nunca fue sólo «progresista», sino que siempre estuvo obsesionada por la pregunta «¿cuál es el precio del progreso?». Marx vivió obsesionado por el capitalismo, por la productividad enorme e inédita que era capaz de generar, y se limitó a subrayar que este mismo éxito engendraba antagonismos. Tal vez deberíamos hacer lo mismo ante el actual progreso del capitalismo global: mantener la vista dirigida hacia su revés tenebroso, que es el causante de tantas revueltas.

La rebeldía no estalla cuando «las cosas están realmente mal», sino cuando la gente tiene la sensación de que sus expectativas no se cumplen. La Revolución francesa estalló cuando el rey y la nobleza llevaban varios decenios perdiendo de manera gradual su control del poder; la revuelta anticomunista de Hungría estalló cuando Nagy Imre llevaba dos años como primer ministro,[6] después de que durante un largo tiempo se estuvieran desarrollando debates (relativamente) libres entre los intelectuales; la gente se rebeló en Egipto en 2011 porque el régimen de Mubarak había conseguido un pequeño grado de progreso económico, que produjo la

6. Aunque su nombre originario es Nagy Imre, en Occidente es conocido como Imre Nagy. *(N. de la E.)*

aparición de una auténtica clase de jóvenes bien formados que participaban en la cultura digital del mundo entero. Y por eso los comunistas chinos tienen motivos para sentir pánico, precisamente porque ahora, en promedio, los chinos viven bastante mejor que hace cuarenta años, lo cual ha hecho que estallen los antagonismos sociales (entre los nuevos ricos y el resto de la gente), debido a que ahora hay expectativas mucho mayores. Ahí radica el problema que se produce cuando hay desarrollo y progreso: ambos experimentan unos cambios muy desiguales, dan lugar a nuevas inestabilidades y antagonismos, y generan expectativas que no se pueden satisfacer. En Túnez o Egipto, justo antes de la Primavera Árabe, es probable que la mayoría de la población viviera ligeramente mejor que hace unos decenios, pero los estándares que empleaban para medir su (in)satisfacción eran mucho más exigentes.

De modo que, en efecto, *The Spectator*, Ridley, Pinker, etcétera, aciertan en principio, pero esos mismos datos que ellos subrayan están creando las condiciones que fomentan la rebeldía y la revuelta. Recordemos aquí la escena clásica de la película de dibujos animados en la que el gato se limita a seguir caminando en la misma dirección que le ha conducido al borde del precipicio incluso después de haberlo superado, ignorando que ya no hay suelo bajo sus pies: sólo cae cuando se da cuenta de que ya está en pleno abismo. ¿No es exactamente eso lo que deben de estar sintiendo ahora los ciudadanos de Chipre? Tienen conciencia de que Chipre no volverá a ser nunca lo que era. De que les aguarda una caída catastrófica del nivel de vida, pero todavía no saben cuál va a ser el verdadero impacto de esa caída, de modo que durante un breve periodo podrán permitirse el lujo de vivir su vida cotidiana habitual, de la misma manera que ese gato continúa caminando tranquilamente sobre el vacío. Por eso, es justo ahora que la crisis de Chipre ha desaparecido casi de los medios, cuando más deberíamos pensar y escribir acerca de ella.

Hay un chiste muy conocido que solía contar la gente hace diez años. Narra la historia de Rabinovich, un judío que quiere emigrar. El burócrata de la oficina de emigración le pregunta que por qué quiere irse. Y Rabinovich responde: «Por dos motivos. Primero, porque temo que los comunistas pierdan el poder que ahora tienen en la Unión Soviética, y que quienes ocupen luego el poder nos acusen a nosotros, los judíos, de todos los crímenes que han cometido los comunistas, y temo que entonces se produzcan de nuevo pogromos antijudíos...». «Pero —le interrumpe el burócrata— eso que dices no tiene ningún sentido. En la Unión Soviética no puede cambiar nada, ¡el poder de los comunistas se mantendrá por toda la eternidad!». «Pues bien —responde tranquilamente Rabinovich—, éste es el segundo motivo por el que me quiero ir».

Resulta sencillo imaginar hoy una conversación similar entre un administrativo financiero de la Unión Europea y un Rabinovich chipriota. Rabinovich se lamenta: «Hay dos motivos para que sintamos pánico los que vivimos aquí. El primero es que tenemos miedo de que la UE se limite a abandonar a Chipre y deje que nuestra economía se hunda...». El administrativo le interrumpe: «Debería usted confiar en nosotros, no vamos a abandonarles: ¡les controlaremos de forma estricta, y les aconsejaremos qué es lo que no deben hacer!». «Pues bien —responde tranquilamente Rabinovich—, éste es mi segundo motivo».

Esta situación de punto muerto es una buena imagen del núcleo mismo del triste destino que aguarda a Chipre: no puede sobrevivir de manera próspera ni sin Europa ni tampoco con Europa. Las dos opciones son la peor, como hubiese dicho Stalin. Recordemos aquel chiste tan cruel que se cuenta en *Ser o no ser* de Lubitsch: cuando le preguntan acerca de los campos de concentración alemanes en la Polonia ocupada, Ehrhardt, el oficial nazi al frente del campo de concentración, responde: «Nosotros nos encargamos de la concentración, y los polacos de la acampada». ¿No ocurre lo mismo en la inacabable crisis financiera en Europa? La Europa del Norte, la Europa fuerte, centrada en Alemania, se encarga de la concentración, mientras que el debilitado y vulnerable Sur se dedica a la acampada. Lo que emerge así en el horizonte es una Europa con un mapa bien definido: la parte Sur se irá viendo cada vez más constreñida a convertirse en una zona con una fuerza de trabajo barata, desprovista de la red de seguridad del Estado de bienestar, en unos territorios apropiados para la externalización y el turismo.

En pocas palabras, la brecha que separa el mundo desarrollado de los países que se van quedando rezagados acabará partiendo en dos la propia Europa. Esta brecha queda reflejada en las dos historias principales que se cuentan sobre Chipre y que tanto recuerdan a las que se contaban sobre Grecia. Está por un lado la que podríamos llamar la historia alemana: el gasto incontrolado, el endeudamiento y el blanqueo de capitales no puede continuar indefinidamente, etcétera. Y por otro está la historia chipriota: las brutales medidas de la UE equivalen a una nueva ocupación alemana, que está robándole a Chipre su soberanía. Ninguna de las dos historias es cierta, y lo que cada una de ellas por su cuenta exige de manera implícita es, sencillamente, absurdo. Nadie puede discutir un hecho, que Chipre no puede ni podrá nunca devolver lo que debe; por su parte, Alemania y la UE no pueden seguir inyectando dinero para taponar el agujero financiero. Las dos historias oscurecen el dato fundamental: hay algo quintaesencialmente equivocado en un sistema en el que la especulación financiera incontrolable puede provocar que un país entero vaya a la quiebra. La crisis de Chipre no es una tormenta en el vaso de un país diminuto y marginal, sino el síntoma de que algo funciona rematadamente mal en la UE.

Por esta razón el remedio para este problema no puede consistir en un simple incremento de la regulación a fin de evitar más blanqueo de capitales, etcétera, sino que (como mínimo) debería tratarse de un cambio radical de todo el sistema bancario o, por emplear una frase indecible, de alguna clase de socialización de los bancos. La lección que podemos aprender tras la serie de quiebras que acumula el mundo desde 2008 (Wall Street, Islandia...) no puede ser más clara: el conjunto del sistema de fondos y transacciones financieros, desde los depósitos bancarios individuales y los fondos de pensiones hasta el funcionamiento de todo tipo de productos derivados, deberá ser puesto de alguna manera bajo control social, y tendrá que ser limitado y regulado. Puede que suene a una idea utópica, pero lo que de verdad me parece utópico es que podamos sobrevivir si sólo se aplican unos pocos cambios cosméticos.

Y en este proyecto debemos evitar caer en una trampa: la socialización de la banca que se hace ahora necesaria no consiste en una solución de compromiso entre el trabajo asalariado y el capital productivo unidos frente al poder de las finanzas. Las crisis y fusiones nucleares financieras son un recordatorio de que la circulación del capital no es un bucle cerrado que puede sostenerse plenamente a sí mismo, es decir, que esa circulación apunta a la realidad de la producción y venta de bienes reales que satisfacen necesidades reales de las personas. Sin embargo, la lección más sutil de las crisis y fusiones nucleares financieras nos dice que *no hay posibilidad de volver a esa realidad*: toda esa retórica sobre «si pudiéramos abandonar el espacio virtual de la especulación financiera y pensar de nuevo en las personas reales que producen y consumen...» no consigue otra cosa que crear confusión, es ideología en estado puro. La paradoja del capitalismo radica en que no puedes tirar por la borda las aguas sucias de la especulación financiera y conservar al bebé sano de la economía real: *las aguas sucias son, de manera efectiva, el «linaje» del bebé sano.*

Esto significa, sencillamente, que la solución de la crisis de Chipre no reside en Chipre. Para que Chipre tenga una oportunidad de salvación, algo tendrá que cambiar en otro lado. De lo contrario vamos a seguir atrapados en la locura que distorsiona nuestro comportamiento en tiempos de crisis. Veamos de qué manera describe Marx al típico avaro como «un capitalista que se ha vuelto loco», alguien que amontona su tesoro en algún escondrijo secreto, frente al capitalista «normal», que hace que su tesoro aumente a base de ponerlo en circulación:

> Esta ansia desmedida de enriquecimiento, esta apasionada persecución del valor de cambio, es común tanto al capitalista como al avaro, pero mientras que el avaro no es más que un capitalista que se ha vuelto loco, el capitalista es un avaro racional. El aumento incesante del valor de cambio que el avaro persigue cuando trata de retirar su dinero de la circulación, lo alcanza el capitalista sagaz, haciéndolo circular una y otra vez.[7]

7. Karl Marx, *El capital*, vol. I, International Publishers, Nueva York, 1967, pp. 254-255.

Esta locura del avaro no es sólo algo que desaparece con la llegada del capitalismo «normal», o con su desviación patológica. Es algo *inherente* al capitalismo. El avaro tiene su momento triunfal durante la crisis económica. En la crisis no se produce —como podríamos haber imaginado— una pérdida de valor del dinero, pérdida que nos obliga a recurrir al valor «real» de las mercancías; sino que las mismas mercancías (la encarnación de lo «real/uso/valor») se convierten en cosas inútiles, porque no hay nadie que las compre. En la crisis,

> el dinero pasa de manera súbita y no mediada de la figura puramente ideal del dinero de cuenta a la del dinero contante y sonante. Las mercancías profanas ya no pueden sustituirlo. El valor de uso de la mercancía pierde su valor, y su valor se desvanece ante su propia forma de valor. El burgués, ebrio de prosperidad, había proclamado con sabionda jactancia que el dinero era una ilusión huera. Sólo la mercancía es dinero. ¡Sólo el dinero es mercancía! es el clamor que ahora resuena en el mercado mundial. [...] En la crisis, la antítesis entre la mercancía y su figura de valor, o sea el dinero, se exacerba y llega a convertirse en contradicción absoluta.[8]

¿Acaso no significa eso que, lejos de estar desvaneciéndose, el fetichismo está plenamente consolidado en su locura directa? En la crisis, la creencia subyacente, denegada y puesta en práctica, queda así directamente afirmada. Y esto mismo vale para la crisis actual: una de las reacciones espontáneas que provoca en nuestros días consiste en que la gente trate de creer en alguna norma de sentido común, como «¡las deudas se tienen que pagar!», «¡no puedes gastar más de lo que produces!», y otras similares. Pues resulta que eso es lo peor que podemos hacer, ya que de esta manera acabamos atrapados en una espiral descendente. En primer lugar, esta clase de sabiduría elemental no es cierta: sin ir más lejos, Estados Unidos se las arregló muy bien durante decenios gastando mucho más de lo que producían.

8. *Ibíd.*, pp. 236-237.

Desde un punto de vista más fundamental, deberíamos percibir, fuera de toda duda, la paradoja de la deuda. Considerando el nivel material de toda la sociedad, las deudas son en cierto sentido irrelevantes, incluso inexistentes, ya que la humanidad como conjunto consume lo que produce: por definición, no puede consumir más. Se puede hablar sensatamente de deuda sólo en relación con los recursos naturales (destruir las condiciones materiales capaces de garantizar la supervivencia de las generaciones futuras), pues ahí estamos en deuda con esas generaciones futuras que, precisamente, aún no existen y que, no sin ironía, sólo llegarán a existir a través de nosotros, con lo cual nos deberán su existencia. De manera que tampoco aquí el término «deuda» tiene un sentido literal, no puede ser *financierizado*, cuantificado en dinero. La deuda de la que podemos hablar se produce cuando, en una sociedad global, un grupo (una nación, o lo que sea) consume más de lo que produce, lo cual significa que otro grupo tiene que consumir menos de lo que produce; pero en este caso las relaciones son en un altísimo grado menos simples y claras de lo que parece. Las relaciones serían claras si, en una situación de deuda, el dinero fuese sólo un instrumento neutral que se limitara a medir qué cantidad consume un grupo en relación con lo que produce, y a expensas de quién. Pero la situación real está muy lejos de ser ésa. De acuerdo con las cifras publicadas, en torno al 90 % del dinero que circula es dinero virtual en forma de crédito; de manera que si los productores «reales» se encuentran endeudados con las instituciones financieras, hay serios motivos para dudar acerca de cuál pueda ser el estatus de su deuda: ¿qué parte de ella fue consecuencia de especulaciones que se produjeron en una esfera desvinculada por completo de la realidad de una unidad local de producción?

Así pues, cuando un país se ve sometido a presión por parte de las instituciones financieras internacionales, tanto si es el FMI como si se trata de la banca privada, habría que tener siempre en cuenta que esa presión (traducida en exigencias concretas: reduzca usted el gasto público; desmantele partes del Estado de bienestar; privatice; abra su mercado; desregule la banca...) no es la materialización de ninguna lógica o de conocimientos objetivos y neutrales, sino de unos conocimientos doblemente parciales (es decir, «interesados»): en el ámbito de lo formal, esos conocimientos encarnan una amplia serie de presuposiciones neoliberales; mientras que en el del contenido privilegian los intereses de determinados Estados o instituciones (bancos, etcétera).

Cuando el escritor comunista turco Panait Istrati visitó la Unión Soviética a mediados de los años treinta, en pleno periodo de purgas masivas y juicios ejemplarizantes, un apologista soviético que trataba de convencerle acerca de la necesidad de emplear la violencia contra los enemigos le recordó un proverbio: «No se puede hacer una tortilla sin romper los huevos». Ante lo cual Istrati respondió lacónicamente: «De acuerdo. Ya veo los huevos rotos. ¿Pero se puede saber dónde está esa tortilla que usted menciona?». Deberíamos decir lo mismo acerca de las medidas de austeridad impuestas por el FMI. Los griegos tendrían pleno derecho a decir: «De acuerdo, estamos rompiendo nuestros huevos por toda Europa, pero ¿dónde está la tortilla que nos han prometido?».

2
DANKE DEUTSCHLAND!
Srećko Horvat

Danke Deutschland, meine Seele brennt!
Danke Deutschland, für das liebe Geschenk.
Danke Deutschland, vielen Dank,
wir sind jetzt nicht allein,
und die Hoffnung kommt in das zerstörte Heim.

¡Gracias Alemania, mi espíritu se inflama!
¡Gracias Alemania por tu amable regalo!
Gracias Alemania, muchísimas gracias,
por fin no estamos solos
y llega la esperanza a nuestra patria desolada.

Canción croata, 1992

A finales de 2012 Joachim Gauck, el presidente alemán, visitó Croacia. Por razones que ignoro tuve el honor de ser unos de los tres intelectuales croatas elegidos para estrechar su mano y mantener con él una conversación a puerta cerrada sobre el ingreso croata en la Unión Europea, aunque a fin de cuentas el diálogo se centró sobre todo en asuntos intelectuales y culturales.

Cuando te invitan a conocer a un presidente, si no eres completamente idiota, tu reacción inmediata debería ser la de esa famosa lección lacaniana que dice que «un loco que cree ser rey no está más loco que un rey que cree ser rey». Dicho de otra manera, todo rey que crea poseer un «gen real» innato está implícitamente loco. Y lo mismo puede decirse de los presidentes. Un presidente desempeña una función simbólica, incluso en el caso de que —o sobre todo si— se trata del presidente de Alemania (... ese país donde quien lleva la batuta es Angela Merkel).

Al final quedé gratamente sorprendido. Charlar con Herr Gauck resultó de verdad interesante. No permaneció esperando con amabilidad a que terminara de una vez un acto protocolario, sino que formuló numerosas y variadas preguntas y se mostró interesado por los Balcanes. Aunque se había decidido que la cultura fuese el asunto central de nuestra conversación, los temas políticos flotaban en el ambiente que se respiraba. A sabiendas de que era no sólo un *unverbesserlicher Antikommunist* (un anticomunista incorregible, tal como rezaba la ficha de Gauck en los archivos de la Stasi), sino también un antiguo pastor luterano, en cierto momento de la conversación le pregunté acerca de la relación entre la teología y la deuda, pregunta que evidentemente tenía un subtexto político.

Era una pregunta basada en un manuscrito del siglo XIII citado por Jacques Le Goff:

> Los usureros pecan contra la naturaleza al pretender que el dinero engendre dinero, como un caballo engendra a un caballo o un asno a un asno. Además, son ladrones porque no venden otra cosa que la demora del dinero, es decir, el tiempo, que no les pertenece. Y vender un bien ajeno contra la voluntad de su poseedor es robar. Es más, como no venden otra cosa que la expectativa de dinero, es decir, tiempo, no venden más que días y noches.[9]

Le Goff realiza un análisis detallado del proceso por el cual, entre los siglos XII y XV, una casta de comerciantes, que al principio apenas era un grupo pequeño y disperso, acabó convirtiéndose en una fuerza poderosa que no sólo tenía influencia sobre las relaciones sociales e incluso sobre la arquitectura, sino primordialmente sobre el tiempo social. ¿Y en qué se basa, según Le Goff, la activi-

---

9. Jacques Le Goff, *La bolsa y la vida*, Gedisa, Barcelona, 2003.

dad mercantil? Precisamente en el tiempo, en la acumulación de abastecimientos que realiza el comercio anticipándose a la llegada de la hambruna, en comprar y vender siempre en los momentos más convenientes. Dicho de otro modo, lo que Le Goff trata de mostrar es que —antes de la aparición de los usureros— en la Edad Media el tiempo pertenecía aún a Dios (o a la Iglesia), mientras que hoy es sobre todo objeto de la expropiación/apropiación capitalista.[10]

Lo que Gauck respondió a mi pregunta acerca de la función de la deuda fue: «Es una cuestión de responsabilidad». Lamentablemente, aunque justo en ese momento sentí una intensa tentación de *repreguntarle*, tuve el suficiente grado de cortesía como para no hacerle más cosquillas a la función simbólica del presidente. La pregunta que quería formularle a continuación era, por supuesto, la siguiente: «¿Y de quién es la responsabilidad?, ¿de los banqueros alemanes o de los ciudadanos griegos que dependen del crédito?». Y no se trata de una pregunta acerca de la dominación capitalista o sobre la especulación financiera, se trata de una pregunta teológica *par excellence*. Si nuestro futuro está vendido, entonces no hay futuro de ninguna clase.

Y ahora llegamos a un interesante episodio de la reciente historia croata. Ante Gotovina, a quien muchos consideran en Croacia un héroe de guerra, pero que hace diez años era el principal obstáculo para el *futuro* europeo de Croacia, fue puesto en libertad por el Tribunal Internacional de Justicia de La Haya a finales de 2012. Tras haber permanecido siete años en la cárcel, lo primero que hizo al regresar fue pronunciar un discurso en la plaza Mayor de la capital croata y, ante la muchedumbre de cien mil personas que se congregó para escucharle, lanzó un mensaje sucinto y tranquilo: «La guerra es el pasado, ¡miremos hacia el futuro!». En aquel contexto de sentimientos primitivos y emociones nacionalistas, el mensaje de Gotovina pudo parecer muy sobrio. Pero sólo lo era a primera vista.

---

10. Una tesis que desarrolla ampliamente Maurizio Lazzarato en *The Making of the Indebted Man*, The MIT Press, Cambridge, 2012. [Versión en castellano: *La fábrica del hombre endeudado. Ensayo sobre la condición neoliberal*, Amorrortu Editores, Madrid, 2013]. *(N. de la E.)*

Apenas unos días más tarde, cuando un periodista serbio le preguntó qué opinaba acerca del regreso de serbios exiliados a los territorios liberados por la operación *Oluja* («Tormenta»), el general contestó: «Ésta sigue siendo su tierra, y no tengo por qué invitarles a regresar; no se puede invitar a una persona a que vuelva a su casa». Y luego añadió de nuevo: «¡Pero debemos mirar hacia el futuro!». Este tema del futuro como lema clave del general recién salido de la cárcel fue resumido de manera incomparable por su abogado en el transcurso de un programa de la televisión croata. Cuando le preguntaron qué haría el general, que era de repente el personaje más popular de toda Croacia, qué pensaba hacer con esa popularidad, el abogado respondió de manera concisa: «Utilizará su popularidad para promover el futuro». Y añadió que su exoneración no sólo justificaba el pasado sino que también salvaba el futuro. Naturalmente, olvidó una cosa: añadir que su futuro eran los negocios. En fechas recientes Ante Gotovina ha efectuado una inversión de casi ochocientos mil euros en la gasificación de Zadar, su ciudad natal. Así, al final, después de la guerra y de todo este embrollo de la justicia internacional, ya podemos dedicarnos al objetivo por el cual hicimos la guerra: ¡la democracia y el mercado libre!

Esta hiperinflación del futuro tiene una connotación implícita e indiscutiblemente irónica, a saber: que jamás, desde la ruptura de Yugoslavia y el fin de la guerra, jamás se han celebrado tantos debates ni coloquios públicos acerca del pasado, y no acerca del futuro. No sólo los ciudadanos de a pie, sino también los más distinguidos comentaristas políticos, declararon que solamente ahora «la guerra ha terminado» y que por fin Croacia era «libre», lo que sólo puede significar una cosa: que hasta ahora vivíamos todos en el pasado. De repente habíamos sido eyectados hacia el futuro. Los políticos, los intelectuales más conocidos, la prensa y los debates en televisión, no hacían más que enfrentarse a un pasado de una forma que recordaba a lo sucedido en la Alemania de los años sesenta: por un lado, preguntándose sobre el verdadero significado de la operación «Tormenta» (había quedado claro que el veredicto de La Haya equivalía a legitimarla como una campaña de liberación); y por otro interrogándose sobre cuáles eran, a pesar de todo, los crímenes sufridos por la minoría serbia (ya que si los generales habían sido puestos en libertad, cabía preguntarse de quién era la responsabilidad por los crímenes que se habían cometido). Pero en lugar de caer en la trampa de lo que Hegel hubiese llamado *die schlechte Unendlichkeit*,[11] en lugar de volver a repetir otra vez todos esos inacabables debates sobre quién mató a más gente y qué acciones y víctimas estuvieron más justificadas, el general había decidido centrarse en el futuro.

Pero ¿cuál es en realidad el aspecto del futuro? Como ocurre sólo en rarísimas ocasiones, la historia se condensó esta vez en apenas unos pocos días: a finales de 2012, los croatas se quedaron boquiabiertos ante otras dos sentencias judiciales que no sólo daban un nuevo significado al pasado, sino que además iban a determinar el futuro. El primer veredicto fue el que recayó en Radomir Čačić, exministro de Economía, condenado por ser el causante de un accidente automovilístico ocurrido en Hungría y que provocó dos víctimas mortales. Aunque el ministro tenía plena conciencia de que había muchísimas probabilidades de que acabara dando con sus huesos en la cárcel, se había estado comportando como si nada de eso pudiera concernir a quien, en aquel momento, era el más importante político croata. En cierto sentido, el futuro del país era rehén del pasado de Čačić, puesto que no había futuro alguno ni en sus decisiones ni en su estrategia (de austeridad y privatizaciones). El segundo veredicto fue la sentencia de diez años de cárcel que recayó en Ivo Sanader, ex primer ministro croata, por haber sacado tajada económica del conflicto bélico. Entre otras cuestiones, Sanader fue declarado culpable de haberse llevado entre 1994 y 1995, durante la guerra, una comisión del 5 %, en torno a medio millón de euros, por los préstamos que, a un elevadísimo interés, concedió a Croacia. Dicho de otro modo, lo que hizo durante los años noventa afectó de manera directa al futuro de Croacia, concretamente a su elevada deuda exterior actual.

Podemos por tanto comprobar que durante los siete años que el general Gotovina pasó en prisión, el futuro no permaneció muerto.

11. La infinidad espuria. *(N. del T.)*

La muerte del futuro está inscrita en el proceso mismo de construcción nacional. En efecto, los croatas combatieron en la guerra: muchos de ellos lo hicieron defendiendo sus casas y familias, o porque creían sinceramente en una Croacia mejor. Pero, al mismo tiempo, quienes les convencieron de que combatieran por Croacia se dedicaban a trabajar con denuedo para robar al país su futuro. El mejor ejemplo nos lo proporciona Sanader con los altísimos márgenes de interés de sus préstamos. Otro ejemplo importante es el hecho de que la compañía petrolífera estatal, la INA, se haya convertido ahora en una empresa húngara. Y hay unos cuantos más, como el de la empresa de telecomunicaciones (hoy en manos alemanas), al igual que ocurre con otras industrias que proporcionaban buenos beneficios. En este momento mismo se están abriendo las puertas a las privatizaciones de los ferrocarriles, el sector de la energía, el sistema sanitario, etcétera.

Y ahora podemos regresar a Gotovina y su «promoción del futuro». Si se les ha ocurrido creer que su visión del futuro es un ademán vacío de contenido, analícenlo más despacio. ¿Qué hizo el general justo antes de que los croatas fuesen a votar en el referéndum que les preguntaba sobre la integración de su país en la UE? Aunque durante los años que pasó en la cárcel se lo pensó dos veces antes de transmitir ninguna clase de mensajes políticos, justo un día antes del referéndum sobre la Unión Europea pidió a todos los ciudadanos de Croacia que fuesen a votar y que lo hicieran a favor de la UE. Y, a fin de asegurarse de que el futuro acabaría cumpliendo sus expectativas, él mismo votó en su celda de la cárcel de La Haya. Esta perspectiva puede darnos, precisamente, una explicación clara de toda esa hiperinflación del futuro, que ahora se percibe de manera más patente. Unos días después de su «discurso futurista» en Zagreb, el general visitó la ciudad costera de Zadar, y allí admitió que su visión del futuro se concretaba en la Unión Europea. Y, dicho esto, soltó una paloma de la paz que de inmediato remontó el vuelo hacia el cielo...

Parece, no obstante, que el futuro no es exactamente así. Hace mucho tiempo, en una fachada de Zagreb podía leerse una pintada que decía: «No tenemos *cash*, ¿qué tal sería tener una Master-

Card?». (Por cierto, la palabra *gotovina* significa ni más ni menos que «efectivo»). Hoy en día tenemos las dos cosas, al general Gotovina y la MasterCard, pero no tenemos efectivo, ni un céntimo: vivimos en una economía de la deuda. En este punto podrían resultarnos útiles algunas reflexiones del filósofo italiano Franco «Bifo» Berardi, conocido por sus tesis acerca del semiocapitalismo como nueva forma de capitalismo (la *financierización* como proceso de creación de signos). En su libro *La sublevación* afirma que la banca se dedica esencialmente a almacenar tiempo. En cierto sentido, almacenamos en los bancos nuestro pasado, pero también nuestro futuro. Bifo da un paso más allá y afirma que los bancos alemanes están llenos de nuestro tiempo: «Los bancos alemanes han almacenado el tiempo griego, el tiempo portugués, el tiempo italiano y el tiempo irlandés, y ahora los bancos alemanes exigen que se les devuelva su dinero. Han almacenado el futuro de los griegos, de los portugueses, de los italianos, y así sucesivamente. La deuda es de hecho tiempo futuro, una promesa acerca del futuro».[12]

Y si ahora volvemos sobre aquella conversación con el presidente Gauck, podríamos preguntarnos: ¿acaso los bancos alemanes o austriacos no están almacenando también el tiempo de los croatas? La mayor parte de los ciudadanos, no sólo en Croacia, sino en toda la zona balcánica, están ahora muy endeudados, tienen que devolver dinero a bancos extranjeros que se han ido implantando en todas partes por los Balcanes y que controlan totalmente su sector financiero. Según algunas estimaciones, el 75,3 % de los bancos de Serbia; el 90 % de los de Croacia; y hasta el 95 % de los de Bosnia-Herzegovina pertenecen de hecho a la banca alemana, italiana y francesa.[13] ¡La integración de los Balcanes en la UE ya había

12. Franco «Bifo» Berardi, *The Uprising. On Poetry and Finance*, The MIT Press, Cambridge, 2012, p. 84. [Versión en castellano: *La sublevación*, Artefakte, Barcelona, 2013]. *(N. de la E.)*

13. Véase Yoji Koyama, «Impact of the Global Financial Crisis on the Western Balkan Countries: Focusing on Croatia», una trabajo presentado en el seminario *Global Shock Wave: Rethinking Asia's Future in Light of the Worldwide Financial Crisis and Depression 2008-2010*, Universidad de Kioto, Kioto, 25 y 26 de septiembre de 2010.

comenzado hace veinte años! De modo que lo que tendríamos
que hacer hoy es repetir el famoso eslogan «*Danke Deutschland*»,
aunque, por supuesto, de forma irónica. Cuando en diciembre
de 1991 Alemania reconoció a Croacia como estado indepen-
diente, un cantante croata interpretó una canción titulada «Gracias,
Alemania» en la televisión estatal. Aunque esa canción, francamente *kitsch*, no llegó a ser nunca popular en Croacia, muestra
con claridad el ambiente que predominaba entonces. En aquella
época muchas ciudades y muchos pueblos croatas tenían una calle Genscher o una plaza Genscher para honrar así al ministro
alemán de Asuntos Exteriores, y hoy aún quedan cafeterías que
llevan su nombre. Como era de esperar, la canción fue utilizada
inmediatamente en Serbia —donde se podía oír con mucha mayor
frecuencia que en Croacia— como elemento de antipropaganda: se
decía que era una prueba más de los estrechos y sempiternos vínculos que unen a Croacia con Alemania, o mejor dicho al Tercer
Reich con el régimen Ustaša de Croacia. En Belgrado TV llegaron
al extremo de poner esa canción como música de fondo mientras
proyectaban imágenes retrospectivas de las muchedumbres que
daban la bienvenida a las tropas alemanas en las calles principales
de Zagreb al comienzo de la Segunda Guerra Mundial. ¿Por qué
resulta imposible imaginar un entusiasmo semejante ante la actual
ampliación europea?

En un texto publicado durante la guerra, en 1992, Slavoj Žižek
desarrolló su famosa tesis según la cual la «danza macabra étnica»
de los Balcanes era de hecho un síntoma de Europa. En ese artículo
nos recordó la historia de una expedición antropológica que intentó localizar en Nueva Zelanda una tribu que supuestamente cele-
braba una terrible danza de guerra en la que los danzantes llevaban puestas unas grotescas máscaras de la muerte. Cuando los
miembros de la expedición encontraron por fin a esa tribu, pidie-
ron a sus miembros que ejecutaran ante ellos la susodicha danza, y
a la mañana siguiente los indígenas bailaron de un modo que obe-
decía literalmente a lo que se contaba acerca del ritual. Satisfecha
por el éxito, la expedición regresó al mundo civilizado y publicó
un informe sobre los salvajes ritos de los primitivos. El artículo fue

recibido con entusiasmo por los especialistas. La sorpresa vino luego. Poco después, otra expedición fue al encuentro de la misma tribu y comprobó que aquella danza terrible en realidad no existía. Había sido creada por los aborígenes que, fuera como fuese, averiguaron qué querían aquellos forasteros e improvisaron lo que se les pedía, a fin de no dejarlos insatisfechos. Tal como podíamos esperar, la conclusión de Žižek era que las personas como Hans-Dietrich Genscher eran la versión en los años noventa de la expedición de Nueva Zelanda. «Actúan y reaccionan de la misma manera: contemplan el espectáculo de la erupción de los viejos odios en su crueldad primordial en forma de una danza organizada para ser observada por ellos, una danza que es responsabilidad total y absoluta del mundo occidental. [...] La fantasía que generó la percepción de la antigua Yugoslavia es la fantasía que ve los Balcanes como el Otro de Occidente: el lugar donde perviven los salvajes conflictos étnicos que la Europa civilizada superó hace mucho tiempo, el lugar donde nada se olvida y ninguna lección se aprende, donde los traumas antiguos siguen reapareciendo una y otra vez, donde los lazos simbólicos son devaluados (violando decenas de acuerdos de alto el fuego) y, a la vez, sobrevalorados (las ideas de honor y orgullo propias del guerrero primitivo)».[14] Sin embargo, lejos de ser ese Otro de Europa, la desaparecida Yugoslavia era la propia Europa en su Otredad, la pantalla sobre la que Europa proyectaba su reprimida imagen invertida.

¿No podríamos decir lo mismo de los países periféricos de Europa? ¿No es Grecia, a la que muy pronto se va a unir Croacia, el espejo en el que se mira hoy Europa y donde puede contemplar todo lo que en los países del centro está reprimido? Por un lado, considerando todavía a los Balcanes como el Otro de Occidente: justo antes del ingreso de Croacia en la UE, la Comisión Europea encargó a una agencia de relaciones públicas con sede en Londres —y que suele trabajar para Coca-Cola, JP Morgan Chase y British Airways— una campaña con un presupuesto de veinte millones de

---

14. Slavoj Žižek, «Ethnic Dance Macabre», *The Guardian*, 28 de agosto de 1992.

euros, cuyo objetivo era «destruir los mitos y las confusiones en torno a la ampliación de la UE», así como garantizar que el ingreso de Croacia se produjera sin problemas.[15] Por otro lado, al igual que los aborígenes de Nueva Zelanda, que se esforzaban por acomodarse a las fantasías de los occidentales, el Gobierno de Croacia decidió gastar seiscientos mil euros, justo antes del referéndum sobre el ingreso en la UE, para convencer a los croatas de que muy pronto iban a formar parte de la Europa civilizada.

Estos dos detalles son suficientes para mostrar que la ampliación de la Unión Europea no es lo mismo que antes. Ya no reina un ambiente de optimismo. Y las preguntas de fondo siguen siendo las mismas. ¿Qué quiere Europa? ¿Quién es el responsable de que Europa se encuentre en la actual situación? Este libro pretende hablar de todo eso, no sólo cuestionando la responsabilidad de las élites europeas, sino volviendo a pensar también en cuál es la responsabilidad de la izquierda.

15. «EU Spend a Whopping €20M To Ease Fears About Croats», 25 de diciembre de 2012. Consúltese en <http://www.croatiaweek.com/eu-spend-a-whopping-e20m-to-ease-fears-about-croats/>.

3

CUANDO LOS CIEGOS GUÍAN A LOS CIEGOS, LA QUE SALE PERDIENDO ES LA DEMOCRACIA

Slavoj Žižek

En una de las últimas entrevistas concedidas antes de su caída, un periodista occidental le preguntó a Nicolae Ceaușescu cómo justificaba que los rumanos no pudiesen viajar al extranjero libremente, cuando la Constitución rumana garantizaba la libertad de movimientos. Su respuesta seguía el guión de la mejor escuela de sofismas estalinistas: cierto, la Constitución garantiza la libertad de movimientos, pero también el derecho del pueblo a tener una patria segura y próspera. De modo que se nos plantea aquí un conflicto de intereses en potencia. Si se permitiera a los ciudadanos de Rumanía salir libremente de su país, la prosperidad de la patria se vería amenazada y, al irse, estarían poniendo en peligro su derecho a la patria. En un conflicto entre derechos de esta naturaleza, debes elegir, y es obvio que el derecho a una patria segura tiene la máxima prioridad...

Se diría que el mismo espíritu que anima esta clase de sofismas permanece vivo y goza de buena salud en la Eslovenia de nuestros días. El 19 de diciembre de 2012, el Tribunal Constitucional dictaminó que celebrar un referéndum sobre la creación de un banco malo y de un *holding* soberano sería inconstitucional, y de este modo prohibió de manera efectiva que pudiese celebrarse una consulta popular sobre este asunto. El referéndum había sido una iniciativa de los sindicatos, que trataban así de enfrentarse a la política económica neoliberal del Gobierno, y esa iniciativa popular obtuvo las suficientes firmas como para ser obligatoriamente considerada. La idea del banco malo consistía en transferir todos los créditos dudosos de los principales bancos a uno «malo» que sería financiado con dinero público (es decir, con el dinero aportado por los ciudadanos a través de sus impuestos), y que serviría además para impedir que se investigara con seriedad sobre los responsables de la concesión de tales créditos dudosos. Esta medida, un instrumento de la política financiera y económica, fue discutida durante varios meses y ni siquiera todos los especialistas financieros estaban de acuerdo con ella. ¿Por qué, entonces, prohibir el referéndum? En 2011, cuando el Gobierno griego de Papandreu propuso la celebración de un referéndum sobre las medidas de austeridad, cundió el pánico en Bruselas, pero en esa ocasión y pese a todo, nadie se atrevió a prohibirlo directamente.

Según el TC esloveno, el referéndum hubiese provocado «consecuencias inconstitucionales». ¿Por qué? El TC admitió que la celebración de referéndums es un derecho constitucional, pero argumentó que en este caso se estarían poniendo en peligro otros valores constitucionales que, en una situación de grave crisis económica, resultaban prioritarios: se refería a la necesidad de salvaguardar el funcionamiento eficaz del aparato del Estado, sobre todo a la hora de crear las condiciones que permitan el crecimiento económico y la preservación de los derechos humanos, especialmente el derecho a la seguridad social y el de la libre iniciativa económica... En pocas palabras, cuando valoró las consecuencias del referéndum, el TC se limitó a aceptar como un hecho fuera de discusión todos esos razonamientos de las autoridades financieras mundiales que presionan a Eslovenia para que siga aplicando nuevas medidas de austeridad. Lo que decía el TC es que desobedecer los dictados de las instituciones financieras internacionales (o no estar a la altura de sus expectativas) puede conducir a una crisis política y económica y es, por lo tanto, inconstitucional. Por decirlo brutalmente: dado que el cumplimiento de tales dictados/expectativas es la condición para mantener el orden constitucional, estos objetivos son prioritarios y están por encima de la Constitución (y *eo ipso* de la soberanía nacional).

No es por tanto de extrañar que la decisión de ese Tribunal escandalizara a muchos especialistas en asuntos legales. El doctor France Bučar, viejo disidente y uno de los padres de la independencia de Eslovenia, señaló que, de acuerdo con la lógica empleada por el TC, esta institución puede prohibir cualquier referéndum, ya que toda manifestación de ese tipo tiene consecuencias sociales. «Con esta decisión, los magistrados del Constitucional extendieron a su nombre un cheque en blanco que les permite prohibir cualquier cosa que se le pueda ocurrir algún día a cualquiera. ¿Se puede saber desde cuándo tiene el TC el derecho a valorar cuál es el estado de la economía o de las instituciones bancarias? Sólo tiene potestad para valorar si cierta norma legal está o no de acuerdo con la Constitución. ¡Y eso es todo!». Puede haber, sin duda, conflictos entre diversos derechos garantizados por una Constitución. Por ejemplo, si un grupo de ciudadanos propusiera un referéndum abiertamente racista habría que prohibirlo sin dudarlo ni un instante. En este ejemplo el motivo para prohibir tal referéndum sería el hecho de que el principio que se pretendería aprobar entra en conflicto directo con otros artículos de la Constitución, mientras que en el caso esloveno, el motivo de la prohibición no atentaba contra ninguna clase de principios constitucionales, sino con las (posibles) consecuencias pragmáticas de una medida económica.

A pesar de que Eslovenia es un país pequeño y marginal, la decisión que adoptó su TC es un síntoma de una tendencia global que conduce hacia la limitación de la democracia. La idea básica de esa tendencia es que, en una situación económica tan compleja como la actual, la mayoría de la gente no tiene la cualificación adecuada para tomar decisiones, pues sólo quiere mantener intactos sus privilegios, y no se da cuenta de las consecuencias catastróficas que tendría la aceptación de sus demandas. No se trata de una argumentación novedosa. En una entrevista concedida a una televisión hace un par de años, Ralf Dahrendorf estableció vínculos entre la creciente desconfianza hacia la democracia y el hecho de que, después de cada cambio revolucionario, el camino hacia la nueva forma de prosperidad pase por un «valle de lágrimas». Después de la caída del socialismo no se podía pasar directamente a la abundancia que generan las economías de mercado consolidadas, pues antes había que desmantelar el Estado de bienestar limitado —pero real— del socialismo, y esos primeros pasos son siempre dolorosos; lo mismo puede decirse de Europa occidental, en donde el tránsito desde el Estado de bienestar posterior a la Segunda Guerra Mundial hasta la nueva economía global implica renuncias dolorosas, menos seguridad y un sistema de protección social menos garantizado que antes. Según Dahrendorf, este problema queda encapsulado debido a un hecho muy simple, a saber, que ese paso a través del «valle de lágrimas» dura más que el tiempo que en promedio suele transcurrir entre unas elecciones (democráticas) y las siguientes, de manera que existe una fortísima tentación de posponer esos cambios tan duros a cambio de obtener beneficios electorales a corto plazo. Para él, la constelación paradigmática que se produce en esta situación es la de la decepción que han sufrido las capas más amplias de la población de los países poscomunistas ante los resultados económicos del nuevo orden democrático. En los días gloriosos de 1989, esa misma gente equiparaba la democracia con la abundancia propia de las sociedades consumistas; diez años después, cuando aún se seguía sin vivir en esa abundancia, se le echaba la culpa a la democracia... Es una lástima que Dahrendorf no centrara su análisis en la tentación opuesta: si la mayoría ofrece resistencia a los cambios estructurales que la economía necesita, ¿no sería una de las consecuencias lógicas de tal situación que una élite de expertos tomara el poder, aunque fuese mediante procedimientos no democráticos, durante un decenio aproximadamente, a fin de aplicar a las bravas las medidas necesarias que establecieran, vulnerando así los fundamentos de una democracia verdadera y estable? Pensando en esta dirección, Fareed Zakaria ha señalado que la democracia sólo podría ser «asimilada» por los países económicamente desarrollados, ya que si los países en desarrollo se democratizan «prematuramente», el resultado sería un populismo que terminaría en catástrofe económica y despotismo político: por eso, los países del tercer mundo que mayor éxito han alcanzado (Taiwán, Corea del Sur, Chile) sólo han abrazado la democracia tras un periodo de gobiernos autoritarios. Es más, ¿acaso este enfoque no es el mejor argumento en defensa del régimen autoritario de China?

Lo novedoso de este momento es que, con la crisis ininterrumpida que comenzó en 2008, esta misma desconfianza respecto a la democracia, que antes se limitaba al tercer mundo y los extintos países comunistas en vías de desarrollo, gana terreno en los propios países desarrollados de Occidente, de modo que lo que había sido un consejo paternalista que antes dirigíamos a otros, ahora nos concierne también a nosotros. Pero ¿qué ocurriría si esta desconfianza estuviera justificada? ¿Y si fuera cierto que sólo pueden salvarnos los expertos, con plena, o algo menos que plena, democracia?

Lo menos que se puede decir es que esta crisis que padecemos desde 2008 nos ofrece numerosas pruebas de que no es el pueblo, sino que son precisamente esos mismos expertos, quienes, en su gran mayoría, no saben lo que hacen. En Europa occidental somos testigos de una creciente incapacidad por parte de las élites gobernantes: cada vez tienen menos idea de cómo se gobierna. Fijémonos en el modo en que Europa hace frente a la crisis griega: presionando a Grecia para que pague la deuda, pero al mismo tiempo arruinando su economía mediante la imposición de medidas de austeridad que garantizan que la deuda griega no podrá ser pagada jamás. A finales de diciembre de 2012, el propio FMI publicó unos estudios que demuestran que el perjuicio que provocan las agresivas medidas de austeridad impuestas a Grecia resulta tres veces más grave de lo que se había supuesto inicialmente, debido a lo cual el FMI decidió arrepentirse de su anterior recomendación de austeridad como receta para resolver la crisis de la eurozona. El FMI reconoce ahora que sería contraproducente forzar a Grecia, y a otros países con un exceso de deuda, a rebajar su déficit de forma demasiado rápida... Y lo hace ahora, cuando se han perdido cientos de miles de puestos de trabajo debido a esos «errores de cálculo».

Y ahí precisamente reside el verdadero mensaje de las protestas populares, tachadas de «irracionales», que están produciéndose en toda Europa. Quienes protestan saben muy bien lo que no saben, no fingen tener respuestas rápidas y sencillas, y sin embargo es cierto lo que su instinto les dice: que los que ejercen el poder tampoco lo saben. Hoy en día, en Europa, los ciegos guían a los ciegos.

4
¿POR QUÉ LA UE NECESITA A CROACIA MÁS QUE CROACIA A LA UE?

Srećko Horvat

Cuando a finales de 2005 comenzaron oficialmente las negociaciones para el ingreso de Croacia en la UE, un importante periódico liberal croata publicó en su portada y a toda plana un titular triunfalista: «¡Adiós, Balcanes!». En aquel momento ésta era la actitud típica y dominante en relación con la Unión Europea: una especie de «mitología autocumplida» según la cual los Balcanes eran una zona del mundo que estaba por «civilizar», y que iba a conseguir ese objetivo gracias a su integración en Occidente. Apenas ocho años más tarde, cuando Croacia ha pasado al fin a formar parte de la Unión Europea, ni la UE ni Croacia creen ya en aquella imagen. La situación actual recuerda en cierto modo al conocido chiste del paciente cuyo médico le hace elegir entre oír primero la mala noticia o la buena. Naturalmente, el paciente elige oír primero la mala. «La mala noticia es que tiene usted cáncer —dice el médico—. Pero no se preocupe, la buena es que tiene usted alzhéimer, así que para cuando llegue a casa ya se habrá olvidado de esa otra enfermedad». ¿No suena muy parecido a lo que ocurre con el ingreso de Croacia en la UE, en donde la mala noticia es que Croacia se encuentra sumida en una profunda crisis económica y política, con casos de corrupción saltando a la primera plana cada día y tasas de paro que también están creciendo rápidamente, mientras que la buena noticia es: «Ningún problema, habéis ingresado en la UE»?

«Clara mayoría a favor del ingreso», informó el teletexto de la Corporación Austriaca de Radiotelevisión acerca del referéndum celebrado en Croacia sobre la entrada del país en la UE. Y, en efecto, dos terceras partes de los votos escrutados fueron a favor del «sí». Pero considerando que la participación fue históricamente baja, y que alcanzó apenas el 43 %, la realidad es que no más del 29 % de la población con derecho a voto manifestó ser partidaria del ingreso. En vísperas del referéndum croata, el que fuera general en los tiempos de la guerra, Ante Gotovina, liberado de la prisión del Tribunal Internacional de La Haya hacía poco tiempo, y que había sido en el pasado el principal obstáculo de las negociaciones croatas con la UE, envió una epístola al pueblo croata animándole a votar a favor de la Unión Europea. Al mismo tiempo, los dos principales partidos croatas, el socialdemócrata (SDP), que estaba en el poder, y el conservador (HDZ), que había gobernado hasta entonces, así como la Iglesia católica croata, hicieron todo lo que estuvo en su mano para convencer a los votantes de la idea de que «no hay alternativa».

Pocos días antes del referéndum el ministro croata de Asuntos Exteriores llegó al extremo de asegurar que no se podrían pagar las pensiones a no ser que se votara a favor del ingreso. Y, gracias a una campaña a favor del «sí» que costó en torno a seiscientos mil euros, los principales argumentos fueron otras tantas alternativas de tipo chantajista, de entre las cuales la más repetida fue la que decía que «si no entramos en la UE, nos vamos a quedar en los Balcanes». No es sorprendente que, en un ambiente así, el referéndum de ingreso de Croacia en la UE batiera el récord de menor participación de todos los que hasta esa fecha se han celebrado en el país. Con una participación del 43 % del electorado, Croacia batió el récord que hasta ese momento ostentaba Hungría, con el 45 %. Una posible explicación de este fenómeno la dio el primer ministro croata después de que se conocieran los primeros resultados oficiales: «Por miedo a que fracasara el referéndum, cambiamos antes la Constitución», una frase en la que podemos percibir un eco del famoso proverbio de Bertolt Brecht: «Si el Gobierno no está de acuerdo con el pueblo, es hora de cambiar al pueblo». De hecho, no solamente se cambiaron las normas legales de los referéndums en 2010 con vistas al ingreso en la UE, sino que también se adecuaron de antemano varios aspectos más (legales, económicos, etcétera).

Cuando, apenas seis días después de la autoinmolación de Mohamed Bouazizi que disparó la Primavera Árabe, el ingeniero de televisión Adrian Sobaru, de cuarenta y un años de edad, trató de suicidarse durante el discurso del primer ministro rumano en el Parlamento de su país, lanzándose al vacío desde la tribuna y llevando puesta una camiseta que decía: «¡Has asesinado el futuro de nuestros hijos! ¡Nos has vendido!», casi nadie tomó este hecho como un indicador de lo que iba a ocurrir en la Unión Europea. Pero sólo un año más tarde miles de rumanos protestaron en contra de las medidas de austeridad (provocadas sobre todo por la privatización de la sanidad pública). A diferencia de lo que pasaba en el momento de la ampliación de la UE, en 2004 o en 2007, ya no flota en el aire ninguna clase de optimismo. Y, no obstante, Croacia se ha unido al club.

Hace apenas un año la UE se enfrentaba a enormes manifestaciones de protesta y varias huelgas generales en España, Portugal y Grecia, pero también en el Reino Unido, Hungría, Rumanía, y en el país que todavía era sólo un futuro miembro, Croacia.[16]

Y existe en la UE una nueva tendencia antidemocrática que no sólo se manifiesta mediante el triunfo de los movimientos de extrema derecha (Aurora Dorada, etcétera) y de los Gobiernos de ese signo (Viktor Orbán). Hay una amenaza mucho mayor en contra de la democracia: la que constituyen las nuevas élites de tecnócratas que han llegado al poder, gente que está provocando un renacimiento de las tendencias nacionalistas en diversos estados, y que

16. Para un análisis detallado de la situación en Croacia, el periodo de «transición» y los nuevos movimientos de protesta, véase: Igor Štiks y Srećko Horvat, «Welcome to the Desert of Transition. Post-socialism, the European Union and a New Left in the Balkans», *Monthly Review*, 2012, vol. 63, n.° 10, en <http://monthlyreview.org/2012/03/01/welcome-to-the-desert-of-transition>; y también, Toni Prug, «Croatia protests show failure of political promise», *The Guardian*, 2 de abril de 2011, en <http://www.guardian.co.uk/commentis-free/2011/apr/02/croatia-protests-economic-slump>.

tienen en común el haber trabajado para Goldman Sachs; gente como Mario Monti, Mario Draghi o Lucas Papademos. De hecho, este último es el mejor ejemplo de lo que hay de malo en la actual UE. Jugando con el sentido etimológico del término griego *papa* (que quiere decir «padre» y «adiós») tenemos al mismo tiempo a un «padre del pueblo» (*Papa demos*) y a alguien que está diciéndole «adiós al pueblo» (*Pa-pa demos*). Cuando comentábamos esta extravagante coincidencia, Slavoj Žižek hizo una magnífica síntesis hegeliana: juntando ambos significados, lo que aparece es ni más ni menos que el mito de Saturno devorando a todos sus hijos... ¡menos a Júpiter! (Puesto que *papa*, en croata y esloveno, también significa «comer»).[17]

De hecho, el referéndum croata fue un síntoma más de los déficits democráticos que sufre la UE. Tuvimos un referéndum cuando ya estaba todo atado. No lo tuvimos en cambio en 2003, cuando Croacia solicitó su ingreso. No lo tuvimos en 2005, cuando Croacia inició de manera oficial sus negociaciones para el ingreso. No lo tuvimos en 2010, cuando se cambió la Constitución del país y también la regulación de los referéndums con vistas a la futura pertenencia a la UE. Dicho de otro modo, hoy nos encontramos ante una situación en la que sólo podemos elegir lo que ya ha sido elegido mediante todos esos pasos anteriores. La misma pregunta, constantemente repetida por el Gobierno croata: «¿Cuál sería la alternativa?», suena a chantaje y recuerda mucho al famoso «no hay alternativa» de Margaret Thatcher. Y no es casualidad que nos enfrentemos aquí a una paradoja, ya que tenemos a un Gobierno socialdemócrata que aplica reformas neoliberales de manera más rápida y eficaz de lo que lo había hecho el anterior Gobierno conservador. A estas alturas, ese mismo Gobierno socialdemócrata anuncia —como parte de su plan para «rescatar» la economía— privatizaciones graduales de autopistas y ferrocarriles, del sector de la energía e incluso de las prisiones.

Al mismo tiempo fuimos testigos de una situación francamente aberrante, ya que el Gobierno intentó convencer al pueblo de que

---

17. Conversación privada, Liubliana, 2011.

Croacia debía integrarse en la UE porque, en primer lugar, así dejaríamos de formar parte de la región balcánica y, en segundo lugar, porque formaríamos parte de Occidente. Basta observar el camino que han seguido los países que se han ido integrando en el club para ver qué clase de mitología obsesiona a los países que han ingresado recientemente. En su provocador libro *Eurosis. A critique of the new Eurocentrism*, el sociólogo esloveno Mitja Velikonja lleva a cabo un análisis del discurso habitual. Empieza observando que hay una serie de mantras del metadiscurso eurocentrista que se reproducen de forma sistemática y hasta el infinito, y que han terminado siendo aceptados y convirtiéndose en norma de todas las esferas de la vida social: política, medios, cultura de masas, conversaciones cotidianas. Por decirlo con sus propias palabras: «En ningún momento de la historia del totalitarismo yugoslavo de partido único, con su capacidad para uniformizar las mentalidades, vi tantísimas estrellas rojas comunistas como estrellas amarillas europeas contemplo en esta primavera de 2004, es decir, una vez instaurada la democracia».[18] Dicho de otro modo, padecemos algo que podríamos llamar «virosis», y de ahí el neologismo «eurosis».

Siempre se siguen las mismas pautas: según el entonces ministro esloveno de Asuntos Exteriores, al integrarse en Europa Eslovenia «se acerca un paso más al centro de Europa, a las tendencias, a la vida, a la prosperidad y a las dinámicas europeas». Por otro lado, todo lo que sea retrógrado, malo o anticuado se atribuye, por supuesto, a lo balcánico. Un periodista extranjero llegó a escribir: «Ingresando en la UE, Eslovenia consiguió escapar de la maldición de los Balcanes». Pero mirando las cosas desde cerca, Europa ya se ha «balcanizado» y, por su parte, también los Balcanes se han «europeizado». Lo explicaremos mejor si observamos los principales mitos que circulan en la zona de los Balcanes desde el ingreso de Eslovenia en la UE, que se van extendiendo entre todos los países candidatos al ingreso, y que han encontrado su residencia temporal en Croacia y están a punto de transmigrar camino de países

18. Mitja Velikonja, *Eurosis. A critique of the new Eurocentrism*, Peace Institute, Liubliana, 2005.

como Montenegro y Serbia. El primero de esos mitos habla de la corrupción; el segundo se refiere a la prosperidad; y el tercero al Premio Nobel de la Paz, concedido a la UE hace poco tiempo.

Veamos el primero de esos mitos: «Cuando ingresemos en la UE habrá menos corrupción». A estas alturas ya todo el mundo conoce la historia, muy parecida al guión de una película de Hollywood, que cuenta cómo el ex primer ministro croata, Ivo Sanader, fue pillado *in fraganti* en la autopista, no lejos de Salzburgo, cuando huía de su país en coche. Fue acusado de haber participado en varios casos de corrupción; uno de ellos relacionado con un banco austriaco (HypoAlpe-Adria), y otro con una empresa húngara de petróleo (MOL). Dicho de otro modo: sin esos socios europeos, no hubiese podido participar en estos casos de corrupción. Lo último que se ha descubierto ha sido el «negocio» que hicieron Sanader y Sarkozy y cuya consecuencia es que la compañía aérea de bandera croata, Croatia Airlines, se enfrenta a la quiebra si no es capaz de renegociar un contrato firmado en 2008 por el entonces primer ministro. Sanader cerró con el expresidente de Francia un trato valorado en 135 millones de euros, por el que la compañía croata se comprometía a comprar cuatro aviones Airbus. En realidad Croatia Airlines no necesitaba esos aviones, pero era el precio de la entrada que Sanader pagó para conseguir un encuentro con Sarkozy, justo antes de que le tocara a Francia el turno para desempeñar la presidencia del Consejo de la UE. Al mismo tiempo Jacques Chirac fue declarado culpable de corrupción, y el presidente alemán Christian Wulff tuvo que dimitir bajo sospecha de corrupción. Queda claro en qué se basa el mito de que Croacia tendrá, como miembro de la UE, menos corrupción que antes de su ingreso. Nos encontramos ante un caso flagrante de aplicación de un sistema de doble rasero. Lo cual queda perfectamente ilustrado en una reciente edición del *Frankfurter Allgemeine Zeitung* que publicaba una amplia entrevista con Durão Barroso, el presidente de la Comisión, quien declaró que «necesitamos más Europa». Al lado se podía leer un suelto según el cual no se iba a dar luz verde a la entrada de Rumanía en el espacio de Schengen. ¿Por qué? Debido a la corrupción que reina en ese país. Así que, cuando se habla de «reformas» y de «monitorización», ¿por qué no se aplican esos mismos conceptos a la propia UE? Y, por llevarlo al extremo, ¿por qué no se organizan las cosas de manera que los nuevos miembros «monitoricen» a la Unión?

Veamos ahora el segundo de los mitos: «Cuando entremos en Europa habrá más prosperidad». No resulta difícil rebatir este mito. Basta con ver la «prosperidad» de los PIIGS, a los que por cierto se empieza a llamar últimamente GIPSI,[19] una expresión que ilustra a las mil maravillas lo que significa la periferia para los países del centro. Con su ingreso, Croacia no pasa a formar parte del centro, sino que será considerada como parte de los países GIPSI. Las estadísticas recientes muestran que es el tercer país europeo con un porcentaje más elevado de paro juvenil (el 40 %), sólo por detrás de Grecia y España. Tal como subrayó el filósofo polaco Jarosław Makowski: «Hasta ahora los sociólogos se referían a la llamada "generación perdida", pero a los políticos no les gustaba nada esa expresión; hasta que el primer ministro italiano, Mario Monti, rompió la conspiración de silencio y, dirigiéndose a la juventud italiana, dijo: "Sois una generación perdida". Más adelante trató de precisar sus ideas y añadió: "La verdad, y por desgracia no es una verdad agradable, es que la promesa de esperanza, en términos de transformación y mejora del sistema, sólo se hará realidad para los jóvenes dentro de unos cuantos años, cuando ya hayan entrado en la madurez"». En lugar de hablar de la necesidad de invertir precisamente en los jóvenes, Monti llegó al extremo de afirmar que «los jóvenes deberán hacerse a la idea de que no podrán tener un trabajo fijo para toda la vida», y añadió: «Por otro lado, ¡qué vida tan monótona! Es mucho mejor ir cambiando y aceptar nuevos desafíos».

De modo que tenemos, como explica Makowski, a la «juventud iracunda», que vimos en acción durante el verano de 2011 en las calles de Londres; los «nuevos pobres» que se enfrentan a la perspectiva de unos larguísimos periodos de paro o flexiempleos situados muy por debajo de sus ambiciones y de sus cualificacio-

19. Por *gipsy*, «gitano». *(N. del T.)*

nes, mientras que al mismo tiempo, y pese a que la generación Erasmus es el último recurso que le queda a Europa, se destruye el sistema educativo porque también la enseñanza entra a formar parte de los sectores a los que se aplican las «medidas de austeridad».[20] Tal vez haya llegado el momento de parafrasear a Max Horkheimer y decir: «Todo el que se niegue a hablar de neoliberalismo debería también permanecer callado al respecto de la UE». Y lo mismo puede decirse de las «reformas» que se han ido aplicando en Croacia. Quienes no quieran hablar de la reforma del sector financiero deberían permanecer callados respecto a las reformas de los demás sectores (legales, derechos humanos, etcétera). En este momento, más del 90 % de los bancos croatas ya son austriacos, franceses, alemanes o italianos, mientras que las élites «proeuropeístas» de Croacia tratan de aplicar nuevas reformas neoliberales, acerca de las cuales afirman que son necesarias como parte del proceso de entrada en la UE. Tal vez se refería a esto el señor Durão Barroso cuando decía que el ingreso de Croacia sólo serviría para reforzar la propia Unión (gracias a las nuevas privatizaciones y los nuevos movimientos de capitales).

El tercero de esos mitos está vinculado al mito de la prosperidad, y afirma lo siguiente: «Cuando entremos en la UE, habrá más estabilidad». O, por decirlo con las palabras de un intelectual croata, quien sostuvo antes del ingreso que «la opción para Croacia es clara: o los Balcanes o las naciones civilizadas», a lo que añadió un colega suyo: «Los euroescépticos no son más que fundamentalistas del oscurantismo, maníacos del patriotismo, fans de los criminales de guerra y visionarios tragicómicos». Es el viejo mito, tan reforzado por el cine de Emir Kusturica, por ejemplo, que dice que los Balcanes son una zona oscura que sólo sirve para cometer crímenes de guerra. Son esos «Balcanes imaginarios» de los que habla Maria Todorova en su clásico libro que lleva ese título. Pero cuando la Unión Europea recibió el Premio Nobel de la Paz en 2012, por «su

---

20. Jarosław Makowski, «Erasmus generation, you're Europe's last hope», 24 de octubre de 2012; véase: <http://www.presseurop.eu/en/content/article/2933441-erasmus-generation-you-re-europe-s-last-hope>.

contribución al avance de la paz y la reconciliación, la democracia y los derechos humanos en Europa», lo que se repetía en la nota de prensa oficial suscrita por el comité noruego que concede el premio era, precisamente, este mito: «El ingreso de Croacia el año que viene, el inicio de las negociaciones para la entrada de Montenegro y la concesión a Serbia del estatus de candidato al ingreso son más elementos que contribuyen a reforzar el proceso de reconciliación en los Balcanes». Aquí aparece de nuevo esa celebración de la misión civilizadora de la Unión Europea, a pesar de que fue la misma Unión Europea quien no hizo nada por detener matanzas como la de Srebrenica. Pero tampoco hace falta desprestigiar al Premio Nobel de la Paz, ya lo ha hecho él solo. Cuando le fue concedido a Henry Kissinger se hizo evidente que el lema de George Orwell, «la guerra es la paz», había sido aceptado por el comité que concede este premio como su propio lema; una sospecha que quedó confirmada con la posterior elección de Obama, que tras recibir el premio no retiró inmediatamente sus tropas ni de Irak ni de Afganistán. No obstante, es necesario señalar aquí que uno de los requisitos previos al ingreso en la UE es que se trate de un país miembro de la OTAN, organismo que no tiene precisamente fama de trabajar para «reforzar los procesos de reconciliación», como ocurrió en guerras como la de Libia y otras muchas. O recordemos por ejemplo la reciente guerra de Malí, donde la Unión Europea ha vuelto a enviar tropas para combatir el «fundamentalismo islamista», con el pretexto de que está poniendo en peligro la democracia europea. También vale la pena mencionar que recientemente ha sido Chipre el país que ha desempeñado la presidencia del Consejo, cuando Chipre es todavía un país dividido, y que el Premio Nobel de la Paz lo concede un país cuyos ciudadanos han rechazado dos veces la posibilidad de ingresar en la UE. Visto en conjunto, el mito de la «prosperidad» va de la mano del mito de la «estabilidad», puesto que en Europa no hay paz real, sino todo lo contrario: una guerra económica incesante cuyo campo de batalla es «la bahía de los PIIGS». ¿Hace falta una prueba mejor de lo que antecede que las ventas de submarinos que contribuyeron a hundir a Grecia, los miles de millones que Grecia ha gastado en la adquisición de esos buques de guerra, al tiempo que la UE exige recortes en sanidad y educación?

Así pues, tal vez haya llegado el momento de modificar el chiste del médico y el paciente, y que sus papeles se intercambien. La mala noticia es que la UE se encuentra hundida en una grave crisis política y económica, con casos de corrupción estallando casi a diario y un constante aumento de la tasa de paro. La buena noticia es que Croacia ha ingresado en la UE y que su ingreso, al igual que el Premio Nobel de la Paz, debería dar a la UE una nueva legitimidad y una nueva credibilidad, dado el penoso estado en que la Unión se encuentra. En ese sentido, podríamos decir que en la actual situación la UE necesita a Croacia más de lo que Croacia necesita a la Europa en crisis.

5

¿Qué quiere Europa?

Slavoj Žižek

El Primero de Mayo de 2004, ocho países fueron admitidos como nuevos miembros de la Unión Europea. Pero ¿qué era esa «Europa»? Los meses anteriores al ingreso de Eslovenia en la UE, cada vez que un periodista extranjero me preguntaba qué aportaría Eslovenia a Europa, mi respuesta era instantánea y clarísima: nada. La cultura eslovena tiene la convicción obsesiva de que es, incluso tratándose de un país pequeño, una superpotencia cultural. Se supone que poseemos cierta combinación, cierto tesoro íntimo de obras maestras culturales que están esperando el reconocimiento de un mundo más amplio. Es posible que este tesoro sea demasiado frágil para sobrevivir y mantenerse intacto en el momento en que quede expuesto a la libre competencia del mundo exterior, como ocurre con los antiguos frescos romanos en *Roma* de Fellini, donde, en una escena maravillosa, los frescos empiezan a esfumarse en cuanto los alcanza la luz diurna.

Este tipo de narcisismo no es una especialidad eslovena. Encontramos versiones parecidas del mismo fenómeno en toda Europa oriental. Valoramos la democracia porque no hace mucho que tuvimos que pelear por conseguirla, ya que no pudimos tenerla por las buenas. Seguimos sabiendo en qué consiste la cultura de verdad, porque no nos ha corrompido la cultura de masas barata fabricada en Estados Unidos. El rechazo de esa tendencia a sufrir una fijación relativa por ciertos tesoros ocultos de nuestra nación no implica en absoluto que nos odiemos a nosotros mismos. El problema es tan simple como cruel: todos los artistas eslovenos capaces de realizar cualquier clase de contribución cultural relevante tuvieron que «traicionar» en algún momento sus raíces étnicas, bien manteniéndose a mucha distancia de la corriente cultural establecida en Eslovenia, bien largándose de su país por algún tiempo, yéndose a vivir a París o Viena. Es lo mismo que pasaba en Irlanda: no sólo James Joyce tuvo que irse de su tierra para escribir el *Ulises*, su obra maestra sobre la ciudad de Dublín; el propio Yeats, el poeta del renacimiento nacional irlandés, vivió muchos años en Londres. Los principales peligros que amenazan la tradición nacional son los guardianes locales que advierten constantemente acerca de la necesidad de evitar toda influencia extranjera. Por otro lado, esa actitud eslovena, ese convencimiento de su propia superioridad cultural, encuentra su contrapartida en el tópico paternalista de Occidente, que considera a los países poscomunistas de la Europa oriental como una especie de primos pobres y subnormales que sólo podrán reintegrarse en la familia el día en que demuestren que han aprendido a comportarse de manera adecuada. Recordemos la reacción de la prensa cuando, en las últimas elecciones celebradas en Serbia, los nacionalistas ganaron por una amplia mayoría: la noticia fue entendida como señal de que Serbia aún no estaba preparada para formar parte de Europa.

En Eslovenia se está produciendo ahora un proceso similar. El hecho de que los nacionalistas consiguieran reunir un número suficiente de firmas para forzar la celebración de un referéndum sobre la construcción de una mezquita en Liubliana es realmente triste; el hecho de que la mayoría de la población piense que no debería autorizarse su construcción es más triste incluso; y los argumentos empleados (¿deberíamos permitir que un minarete, que es el símbolo de la barbarie fundamentalista, malogre la belleza de nuestro paisaje?, etcétera) hacen que uno se avergüence de ser esloveno. En tales casos, la amenaza ocasional que nos llega de Bruselas (¡o demostráis ser capaces de tener una visión multiculturalista o se acabó!) debería ser bien vista por todos. No obstante, esa imagen es muy simplista y no dice toda la verdad. Primera complicación: los antiguos países comunistas, que son los más ardientes defensores de la llamada «guerra contra el terror» que lleva a cabo Estados Unidos, están al mismo tiempo preocupadísimos por el miedo que sienten a que su identidad cultural, su supervivencia misma como naciones, pueda verse arrasada por las arremetidas de la «americanización» cultural, que es el precio que se cree que se deberá pagar cuando se produzca su inmersión en el capitalismo global. Por eso nos encontramos con un paradójico estado de opinión en el que se combinaba el antiamericanismo con la defensa de la política de Bush. En Eslovenia, el nacionalismo de derechas se queja de que el Gobierno de coalición de centro-izquierda, aunque es abiertamente partidario de la integración en la OTAN y apoya la campaña estadounidense en contra del terrorismo, está saboteándola en secreto, y si participa en ella no es por convicción sino por mero oportunismo. Al mismo tiempo, sin embargo, reprocha a la coalición de Gobierno que esté minando la identidad nacional al abogar en favor de la plena integración del país en el capitalismo global de Occidente, porque eso significa que los eslovenos acabarán ahogándose en la marea de la cultura pop estadounidense de nuestros días. La idea es que el Gobierno de coalición apoya la cultura pop, los más estúpidos programas de entretenimiento por televisión, y el consumismo más ciego, a fin de convertir a los eslovenos en una masa de gente fácil de manipular y tan incapaz de toda reflexión mínimamente seria como de cualquier clase de actitud firme en defensa de los principios éticos. En pocas palabras, el tema subyacente es que la coalición de centro-izquierda defiende un complot «liberal-comunista». La inmersión despiadada y descontrolada del país en el capitalismo global acaba siendo entendida como el último y tenebroso complot de los excomunistas, que se aseguran así de seguir controlando secretamente el poder. Resulta irónico que las quejas de estos nacionalistas conservadores acerca de este nuevo orden socioideológico emergente parezcan sacadas de las ideas de la antigua nueva izquierda, cuando hablaba de la «tolerancia represiva» de la libertad capitalista como forma aparente de la falta de libertad.

Esta ambigüedad de la actitud europea oriental encuentra su contrapartida perfecta en el ambiguo mensaje que Occidente dirige a los países poscomunistas. Recordemos la presión de doble rasero que ejerció Estados Unidos sobre Serbia en el verano de 2003. Los representantes estadounidenses exigían simultáneamente a Serbia que entregase a los sospechosos de haber cometido crímenes de guerra al Tribunal Internacional de La Haya (de acuerdo con la lógica del Imperio Global, que impone la existencia de una institución legal supraestatal) y, al mismo tiempo, que firmase el tratado bilateral con Estados Unidos por el cual Serbia se obligaba a no entregar a ninguna institución internacional (es decir, al MISMO Tribunal de La Haya) a ningún ciudadano estadounidense sospechoso de haber cometido crímenes contra la humanidad o crímenes de guerra (de acuerdo con la lógica del Estado nación). ¡No es de extrañar que la reacción serbia fuese de furiosa perplejidad! Y algo similar está ocurriendo en el plano económico. Mientras que Europa occidental presiona a Polonia para que abra su agricultura al mercado y la competencia, esa misma Europa inunda el mercado polaco con productos agrícolas altamente subvencionados por Bruselas. ¿Cómo pueden navegar los países poscomunistas por este mar de vientos contrapuestos? Si existe algún héroe ético de los tiempos recientes en la extinta Yugoslavia, sería Ika Šarić, una modesta juez de Croacia que, a pesar de las amenazas contra su vida y sin ningún apoyo visible de las autoridades de su país, condenó al general Mirko Norac y a sus compinches a doce años de prisión por los crímenes que cometieron en 1992 contra la población civil serbia. Incluso el Gobierno de izquierdas, por miedo a que se produjeran grandes manifestaciones de los nacionalistas de derechas, se negó a defender con firmeza la labor de la juez que sentenció a Norac.

Sin embargo, justo cuando la derecha amenazaba con oponerse a la sentencia provocando disturbios a gran escala que tratarían de cargarse al Gobierno de izquierdas, el día en que fue anunciada no pasó *nada*. Las manifestaciones fueron mucho menos masivas de lo esperado y Croacia se «redescubrió» a sí misma como un Estado de derecho. En este asunto tuvo una gran importancia el hecho de que Norac no fuese entregado a La Haya sino juzgado en la propia Croacia, ya que de este modo Croacia demostró que no necesitaba ningún tipo de tutela internacional. La dimensión que adquirió este proceso fue enorme, ya que suponía pasar de lo imposible a lo posible. Antes de que se dictara la sentencia, la derecha nacionalista y sus organizaciones de veteranos eran vistas como una fuerza tan poderosa que no debía ser provocada; en cambio, la dura sentencia condenatoria fue percibida por la izquierda liberal como algo que «todos deseamos pero que, lamentablemente, no podemos permitirnos en estos difíciles momentos, ya que provocaría el caos».

Ahora bien, cuando la juez pronunció la sentencia y no pasó nada, lo imposible se convirtió en rutinario. Si al significante «Europa» podemos atribuirle alguna clase de significado, el juicio fue «europeo» en el más ejemplar sentido de la palabra. Y si existe un acontecimiento que encarna la idea de cobardía, no hay mejor ejemplo que la actitud del Gobierno esloveno cuando estalló la guerra de Estados Unidos contra Irak. Eslovenia empezó firmando la infame declaración de Vilnius, gracias a lo cual el país fue objeto de toda suerte de alabanzas por parte de Rumsfeld y otros, quienes afirmaron que de esta manera Croacia pasaba a formar parte de la «nueva Europa» y se integraba en la «coalición» que iba a participar en la guerra contra Irak. Sin embargo, después de que el ministro croata de Asuntos Exteriores firmara el documento, se produjo una auténtica comedia de enredos de denegaciones y más denegaciones. El ministro declaró que, antes de firmar el documento, consultó al presidente de la república y a otros altos dignatarios, quienes enseguida negaron saber absolutamente nada de aquel asunto. Después, todos los implicados dijeron que el documento en cuestión no apoyaba en modo alguno la intervención unilateral de Estados Unidos en Irak, sino que pedía que las Naciones Unidas desempeñaran un papel clave en la invasión. Subrayaban que Eslovenia apoyaba el desarme de Irak, pero no una guerra contra este país. No obstante, un par de días después, Estados Unidos se llevó una sorpresa desagradable: Eslovenia no sólo aparecía mencionada en la lista de los países miembros de la «coalición», sino que figuraba como uno de los que iba a recibir ayuda financiera estadounidense, al igual que los demás países de la denominada coalición. Lo que pasó luego fue comedia en estado puro. Eslovenia declaró con orgullo que no iba a participar en la guerra contra Irak y pidió que la quitaran de esa lista. Al cabo de un par de días se recibió en Croacia un nuevo documento muy embarazoso. En él, Estados Unidos agradecía oficialmente a Croacia su ayuda y apoyo. Eslovenia protestó otra vez diciendo que no había hecho nada para merecer tal gratitud y se negó a reconocer que la misiva había sido remitida al receptor correcto, haciendo una imitación ridícula de la frase típica «¡gracias, pero no merezco tanta gratitud!», como si el gesto estadounidense de dar las gracias fuese lo peor que Estados Unidos podía hacernos. Por lo general, los países protestan diciendo que no son merecedores de las críticas que reciben de otros países; Eslovenia protesta cuando recibe muestras de gratitud. En pocas palabras, Eslovenia actuó como si no fuese el verdadero destinatario de las cartas de agradecimiento que fueron llegando, pero todo el mundo se dio cuenta de que, también en este caso, sí lo era. La ambigüedad de los europeos orientales resulta por lo tanto la imagen especular de las incoherencias de la propia Europa occidental.

Al final de su vida Freud formuló la famosa pregunta *Was will das Weib?* (¿Qué quiere la mujer?), con la que reconocía su perplejidad al enfrentarse al problema de la sexualidad femenina. Hoy en día surge una perplejidad semejante conforme los países poscomunistas van ingresando en la Unión Europea. ¿En qué Europa se van a integrar? Durante muchos años he estado abogando por la idea de un renovado «eurocentrismo de izquierdas». Por decirlo con claridad, ¿queremos vivir en un mundo en el cual sólo podemos escoger entre la civilización estadounidense y el emergente capitalismo autoritario de China? Si respondemos que no a esta pregunta, entonces no hay más alternativa que Europa. El tercer mundo no puede contraponer una resistencia suficientemente dura al Sueño Americano. En la actual constelación, sólo Europa es capaz de hacerlo. La verdadera oposición no es, en el presente, la que enfrenta al primer mundo contra el tercer mundo, sino la que enfrenta a la Globalidad del primer y tercer mundos (el Imperio Global estadounidense y sus colonias) y el resto del segundo mundo (Europa). Hablando de Freud, Theodor Adorno afirmaba que lo que estamos viviendo en nuestro «mundo administrado» contemporáneo, con su «desublimación represiva», ya no encaja en la vieja lógica de la represión del Ello y de sus pulsiones, sino que ahora rige un perverso pacto directo entre el Superyó punitivo y las pulsiones agresivas ilícitas del Ello, a expensas de la función racional del Yo. ¿Acaso no estamos viviendo un fenómeno estructuralmente similar en el plano político, si nos fijamos en el extraño pacto entre el capitalismo posglobal moderno y las sociedades premodernas, a expensas de la modernidad propiamente dicha? Para el Imperio Global multiculturalista estadounidense es muy fácil ir integrando las tradiciones premodernas locales; el cuerpo extraño que en realidad no puede asimilar es la modernidad europea. La Yihad y el McMundo son dos caras de la misma moneda. La Yihad ya se ha convertido en la McYihad. Aunque esa «guerra contra el terror» que no cesa se presenta a sí misma como un combate en defensa del legado democrático, de hecho está jugando peligrosamente con el peligro que fue identificado por G.K. Chesterton hace un siglo cuando, en su libro *Ortodoxia*, señaló el punto muerto en el que se atascan todos los que critican la religión: «Quienes comienzan luchando contra la Iglesia en nombre de la libertad y la humanidad terminan echando a un lado la libertad y la humanidad si estiman que es necesario para seguir combatiendo en contra de la Iglesia... Los laicos no destruyen las cosas divinas; pero sí las seculares, suponiendo que eso les sirva de consuelo». ¿Acaso esa misma lógica no se podría aplicar hoy a los propios defensores de la religión? ¿Cuántos defensores fanáticos de la religión empezaron atacando la cultura secular contemporánea, y terminaron renegando de cualquier clase de experiencia religiosa significativa? De forma similar, muchos defensores activos del liberalismo ansían de tal modo combatir el fundamentalismo antidemocrático que acaban destruyendo ellos mismos la libertad y la democracia con la excusa de luchar contra el terrorismo. Es tal su pasión a la hora de demostrar que el fundamentalismo no cristiano es la principal amenaza contra la libertad, que están dispuestos a dar unos pasos atrás y decir que hemos de limitar nuestra propia libertad aquí y ahora, en nuestras sociedades supuestamente cristianas. Si los «terroristas» están dispuestos a destruir este mundo por amor a otro mundo, los adalides de nuestra guerra contra el terrorismo están dispuestos a destruir el mundo democrático en el que viven por puro odio contra el otro musulmán. Algunos de ellos sienten tanto amor por la dignidad humana que están dispuestos a legalizar la tortura —la última degradación de la dignidad humana— a fin de defenderla. Y, siguiendo estos razonamientos, podríamos también acabar perdiendo a Europa en nombre de su propia defensa.

Hace un año, la UE tomó una ominosa decisión que pasó casi desapercibida. Se trataba del plan que proponía establecer una policía de fronteras paneuropea para garantizar el aislamiento del territorio de la UE y evitar, así, la entrada de los inmigrantes. *Ésta* es la verdad del proceso globalizador: la construcción de *nuevas* murallas que pretenden salvaguardar a la Europa próspera de la oleada de inmigrantes. Llegados a este punto uno siente la tentación de resucitar aquella vieja oposición del marxismo «humanista» que distinguía las «relaciones entre las cosas» de las «relaciones entre las personas». En la tan celebrada libre circulación puesta en marcha por el capitalismo global, lo que circula libremente son las «cosas», los bienes, mientras que la circulación de las «personas» está cada vez más controlada. Este nuevo racismo del mundo desarrollado es en cierto sentido mucho más brutal que el racismo del pasado. Su legitimación implícita no es naturalista (la superioridad «natural» del Occidente desarrollado) ni tampoco culturalista (nosotros, los occidentales, también queremos conservar nuestra identidad cultural), sino que se basa en un desvergonzado egoísmo económico, pues la frontera fundamental es la que separa a los que están dentro del mundo que disfruta de una (relativa) prosperidad económica, de los que se ven excluidos de esa prosperidad. Así pues, lo que nos parece criticable y peligroso en la política y civilización estadounidense es *parte de Europa misma*; de hecho, es uno de los posibles resultados del proyecto europeo. No hay lugar para ningún tipo de complaciente arrogancia. Estados Unidos es un espejo distorsionado de la propia Europa. En los años treinta, Max Horkheimer escribió que quienes no quieren hablar (críticamente) del liberalismo tendrían también que abstenerse de hablar del fascismo. *Mutatis mutandis*, deberíamos decirles a los que critican el nuevo imperialismo estadounidense que los que no quieren mirar críticamente a Europa deberían también callar sobre Estados Unidos. Así que ésta es la única verdad que subyace a esas celebraciones, tan narcisistas, que han acompañado las nuevas ampliaciones de la Unión Europea. ¿En qué clase de Europa estamos integrándonos? Cuando se nos confronta con esta pregunta, todos, los de la «Vieja» Europa y los de la «Nueva», estamos en el mismo barco.

6

¿Ahora resulta que los nazis viven en la Luna?

Srećko Horvat

No hace mucho tiempo me topé en Bucarest con un inocente mapa que mostraba las diversas salas donde se celebraban unos seminarios. Lo vi en el ascensor del hotel en el que se estaba impartiendo la conferencia «La cuestión nacional en la Europa Centroriental». Y fue allí donde observé ese pequeño mapa de Europa en el que figuraban la «sala Berlín», la «sala Ámsterdam», la «sala Londres» y así sucesivamente, con la idea de fomentar la diversidad y también, al mismo tiempo, la unidad del proyecto europeo. ¿Podríamos imaginar una manera mejor de presentar como resuelta la cuestión nacional en la Unión Europea? Una Europa ideal en la que todos los países conviven felizmente en sana vecindad, sin conflictos, cada sala con su propia identidad y actividad específica. En una sala, la celebración de una boda; en otra, una conferencia académica; en la siguiente, la promoción de un producto; y luego, en otra sala, un grupo de debate, etcétera. Y lo mejor de todo es que no tienes que salir del hotel para acudir a esos actos: todo está dentro del mismo hotel.

La respuesta tal vez nos la proporcione otro peculiar ejemplo, el del *Costa Concordia*, el famoso crucero cuyo casco chocó contra una roca en el mar Tirreno, en enero de 2012. Su nombre era el símbolo de la armonía y la unidad entre las naciones europeas, y en ese buque, al igual que en el hotel de Bucarest, cada una de sus trece cubiertas llevaba el nombre de uno de los diversos estados europeos: Polonia era la cubierta superior, después estaban Austria, Portugal, España, Alemania, Francia, etcétera. En el centro del crucero había un «atrio Europa», con un «salón Londres», una «disco Lisboa», un «bar Berlín», etcétera. Me resultaría difícil no recordar, además, que el mismo buque sirvió como la localización utilizada por Jean-Luc Godard para el rodaje de *Film socialisme*, donde aparecía como símbolo de la Europa moderna; en lugar de un buque de guerra o de una lancha rápida, prefirió ese lento, enorme y lujoso crucero. En la película, Alain Badiou pronuncia una conferencia ante un auditorio completamente vacío, y Patti Smith camina errante por las diversas cubiertas con la guitarra a cuestas..., pero en realidad a nadie le importa.

De manera que, viendo las cosas en retrospectiva, las cubiertas del *Costa Concordia* bautizadas con los nombres de algunos países europeos, por un lado, y la última película de Godard, por otro, nos proporcionan una posible imagen de la Europa actual. Pero no hay armonía ni unidad que merezcan ese nombre; sólo una decadencia que conduce de manera inevitable hacia el desastre. ¿Y no podríamos decir también que esa escena en la que el capitán del *Costa Concordia*, justo antes del accidente, pasa la noche con una mujer muy bella y bebiendo un vino carísimo, no es asimismo una metáfora de lo que les ha ocurrido a las élites financieras europeas en los últimos tiempos? ¿Acaso ese capitán que abandonó el buque antes de que lo hicieran todos los pasajeros no nos recuerda a esos banqueros gerentes y agentes de bolsa de Goldman Sachs y del Banco Central Europeo, que siempre saltan del barco justo a tiempo, abandonando a su suerte, y para morir ahogados, a los pasajeros, tal como ocurre hoy con los griegos y los ciudadanos de otros países europeos? Por un lado, el Banco Central Europeo «inyectó» más de un millón de euros a partir de diciembre de 2011, no tanto con la intención de salvar a los ciudadanos, sino de salvar, nuevamente, a los bancos. Por otro lado, vamos viendo cómo se aplica una terapia de choque ininterrumpida, a base de medidas de austeridad y de ajustes estructurales en todos los países europeos, desde Grecia hasta Rumanía, pasando por Italia o España, y también en Eslovenia y Croacia.

Una de las consecuencias que ha tenido este giro neoliberal es el surgimiento de la extrema derecha y el nacionalismo que, cada día que pasa, están movilizando a un cada vez mayor número de personas de clase obrera. No es casualidad que el nombre del partido de extrema derecha en la República Checa, tristemente célebre debido a que organizó pogromos contra los gitanos, sea «Partido de los Trabajadores». Tampoco debería sorprendernos que uno de los dos hechos inesperados que se produjeron en las últimas elecciones griegas fuese, junto al impacto electoral de Syriza, el resultado obtenido por Aurora Dorada, que hasta ese momento apenas era un grupo profascista muy marginal que acusaba a los inmigrantes de haber llevado a Grecia a la crisis, y de haber «robado» sus empleos a los griegos durante la crisis.[21] Como consecuencia de la crisis financiera, tanto el ámbito de la derecha como el de la extrema derecha están cobrando cada vez más fuerza. He aquí una muestra típica de ese tipo de retórica:

> Nos han arrebatado toda nuestra soberanía. Valemos sólo para que el capital internacional se permita llenarse los bolsillos con el pago de los intereses. [...] Tres millones de personas se han quedado sin trabajo ni apoyo de ninguna clase. Los funcionarios, es la pura verdad, sólo trabajan para ocultar toda esa miseria. Hablan de tomar medidas y de no olvidar los aspectos positivos. Las cosas van cada vez mejor para ellos, y cada vez peor para nosotros. La ilusión de libertad, paz y prosperidad que se nos prometió cuando quisimos tomar nuestro destino en nuestras propias manos está desvaneciéndose. Estas políticas irresponsables sólo pueden arrojar un resultado: el más completo y total hundimiento de nuestro pueblo.

¿No parece una descripción perfecta del atasco en el que se ha metido hoy Europa? ¿De quién pueden ser estas palabras, si no son

---

21. Véase un análisis del fenómeno fascista en Grecia que muestra que no es una erupción súbita, sino que el movimiento tuvo un crecimiento gradual, en: Spyros Marchetos, «Golden Dawn and the rise of fascism», *The Guardian*, 19 de junio de 2012.

de Syriza o de Aurora Dorada? Tal vez al conocer la respuesta haya quien se lleve una sorpresa. Su autor es ni más ni menos que Joseph Goebbels, y las frases forman parte de su texto «Wir fordern» (Exigimos), publicado en el número 4 de la revista *Der Angriff*, el 25 de julio de 1927.[22] Al principio no era más que una revista marginal que se publicaba bajo el lema de «Por los oprimidos y en contra de los explotadores», hasta que en 1933 se convirtió en el *Diario del Frente Laboral Germánico*. En 1927 imprimían en torno a 2.000 ejemplares. En 1933 se aproximaban a los 150.000, y en 1944 estaban cerca de los 306.000.[23] Lo que no sólo no debería sorprendernos, sino que también tendría que alertarnos, es el tipo de discurso que dice eso de que «valemos sólo para que el capital internacional se permita llenarse los bolsillos con el pago de los intereses», o esa referencia a la clase obrera (se trata del periódico «oficial» del Frente Laboral). También Aurora Dorada era al principio un ridículo e irrelevante grupo de chiflados que trataba de conseguir apoyos a base de sacar provecho de la crisis financiera, pero luego, paso a paso, se ha ido convirtiendo en un arma poderosa de quienes tienen la visión de una Europa totalitaria.

Olvidándonos ahora de todos los paralelismos políticos y económicos entre la crisis financiera de 2008 y el crac de 1929, debemos ser cautelosos a la hora de comparar la situación actual con el momento histórico en el que los nazis llegaron al poder. Sin embargo, también sería peligroso subestimar la importancia del hecho de que, yendo de la mano de la actual crisis financiera, la derecha política esté utilizando de nuevo la cuestión nacional a fin de desviar la atención de la gente de los problemas políticos, sociales y económicos que estamos padeciendo.

En este punto, hay una película cómica de ciencia ficción titulada *Cielo de hierro* (Timo Vuorensola, 2012) que podría darnos

22. Joseph Goebbels, «We Demand», en <http://www.calvin.edu/academic/cas/gpa/angrifo5.htm>.

23. Véase un estudio detallado de cómo utilizó Goebbels este periódico hasta convertirlo en un instrumento significativo en apoyo del ideario nazi, en Russel Lemmons, *Goebbels and Der Angriff*, University Press of Kentucky, 1994.

una inesperada lección. Cuenta la historia de unos nazis que, tras la derrota de 1945, huyeron a la Luna y allí crearon una flota espacial con la que calculaban ser capaces de regresar a la Tierra y conquistarla en el año 2018. Al principio, justo antes de la «Solución Final», llegan a la Tierra dos nazis para comprobar si ya está todo preparado. Pero nadie les cree. Hasta el día en que su enorme potencial es descubierto por el director de campaña que trata de allanar el camino hacia la victoria electoral a un candidato a la presidencia de Estados Unidos que es una parodia nada disimulada de Sarah Palin. La candidata presidencial se da cuenta de que tanto la fraseología como el discurso de los nazis es exactamente lo que mejor se les puede vender, en plena crisis, a los votantes potenciales. Al final, cuando ya es demasiado tarde, la candidata comprende que los nazis son nazis de verdad, y que lo que en realidad quieren es conquistar la Tierra.

Esto nos retrotrae a la difícil situación que vivimos hoy en día. A finales de los años veinte, las cámaras de gas y las atrocidades que acabarían cometiendo los nazis seguramente parecían el guión de una historia de ciencia ficción, al igual que nos lo parece hoy la historia de los nazis conquistando la Luna. Pero si a alguien le parece que la comparación que he establecido entre el discurso de Goebbels y ciertas tedencias de la extrema derecha actual es muy forzada, me gustaría recordar aquí cierto «experimento» llevado a cabo por dos dramaturgos serbios en paro, que trataron de demostrar que es factible ingresar en cualquier partido político de Serbia utilizando un mismo texto de Goebbels. En abril de 2012 presentaron su candidatura para afiliarse a todos y cada uno de los principales partidos serbios, y lo hicieron enviando una propuesta política para Serbia, siempre bajo el título de «Idea, estrategia, movimiento». Tanto el texto como las ideas fueron muy bien recibidos por todos los partidos, y a renglón seguido fueron aceptados como miembros de las diversas organizaciones e, incluso, les ofrecieron puestos para después de las elecciones. Lo que habían hecho estos dos dramaturgos era muy simple: utilizaron un texto publicado por Goebbels en 1928, «Conocimiento y propaganda», cambiando apenas algunas frases y aplicándolo al contexto serbio. Hubo un partido político que llegó al extremo de publicar dicho texto en su web oficial.

Más o menos por la misma época en la que los dramaturgos serbios lograron demostrar que era realmente posible emplear hoy la propaganda de Goebbels, un partido croata de extrema derecha trató de organizar en Zagreb un encuentro internacional de movimientos nacionalistas. Entre otros, invitaron al Partido Nacional Demócrata de Alemania, vinculado con los recientes asesinatos cometidos por neonazis en ese país; al Frente Nacional de Francia, tristemente célebre por negar el Holocausto, y al Jobbik de Hungría, que probablemente sea el más estrafalario de todos estos partidos. Este movimiento húngaro exige que se revise el Tratado de Trianon de 1920, donde se decidió que Hungría perdiese algunos territorios, entre ellos ciertas zonas de la actual Croacia. De manera que nos encontramos ante la paradoja de que los nacionalistas croatas invitaron a unos nacionalistas húngaros que tienen como uno de sus principales objetivos conseguir que una parte importante del territorio croata vuelva a formar parte de la Gran Hungría...

Sería sin embargo un error tomarse a broma estos absurdos propios de la extrema derecha. ¿Qué fue lo primero que hizo Hans Christian Strache, el infame autor de eslóganes como «*Mehr Mut für unser Wiener Blut*» («Más ambición para la sangre vienesa») y «*Fremdes tut niemanden gut*» («Lo extranjero es malo»), después de obtener un 26 % de los votos en las elecciones vienesas de 2010? Decidió visitar, junto con otros extremistas, no el Reichstadt, sino Israel, en una expedición que pretendía fomentar el «espíritu de equipo» y reforzar las conexiones con quienes fueron los principales enemigos y víctimas de Hitler. Es más, en diciembre de 2010 se publicó la llamada «Declaración de Jerusalén», que afirmaba el derecho de Israel a existir y a defenderse frente al terrorismo islamista. Luego, invitado por Strache, Ayoob Kara, viceministro del Gobierno israelí, visitó Viena.[24] Y resulta incluso más interesante saber que el principal aliado que Strache ha tenido en Viena ha

---

24. Más información en Azriel Bermant, «A dangerous and irresponsible alliance», *The Jerusalem Post*, 8 de diciembre de 2011.

sido la creciente comunidad de inmigrantes serbios. Para librarse de la inmigración más indeseada, la formada por africanos, turcos y musulmanes en general, no hay nada mejor que inventarse una inmigración «buena», en este caso la procedente de Serbia. Tampoco debería sorprendernos que uno de los inspiradores de Anders Breivik fuera ni más ni menos que el criminal de guerra serbio Radovan Karadžić. Tal como afirma en su manifiesto «2083. Una Declaración Europea de Independencia»: «Condeno todas las atrocidades cometidas por él contra los croatas, y viceversa, pero gracias a sus esfuerzos por purgar a Serbia del islam siempre será considerado y recordado como un honorable cruzado y un héroe de guerra europeo».[25]

De modo que hoy aparece un nuevo tipo de extrema derecha que no vacila a la hora de utilizar cualesquiera medios posibles para reforzar este movimiento. Y en lugar de hacer lo fácil y quitar importancia a estas absurdas alianzas, deberíamos recordar la importante lección que nos legó Walter Benjamin cuando dijo: «Toda ascensión del fascismo da testimonio de una revolución fracasada».

Como hemos podido ver, la actual crisis financiera y las medidas de austeridad impuestas a muchos países son terreno fértil no sólo para una nueva acumulación de capital por parte de las élites financieras, sino también para el surgimiento de nuevos nacionalismos. La utilización de los derechos de los trabajadores como arma fundamental ya no es sólo un instrumento de la izquierda. Sin embargo, la diferencia entre la derecha y la izquierda sigue siendo clara: la derecha utiliza a una parte de la clase obrera contra otra parte de esa misma clase (la alemana contra la griega, la austriaca y la griega contra los inmigrantes, y así sucesivamente), y emplea el «discurso de los obreros» como medio para conseguir su objetivo final, la conquista del poder. Pero los grupos que hasta hace poco sólo eran movimientos extremistas muy marginales se están convirtiendo en partidos legales y legítimos. El caso de Auro-

25. Véase la versión completa del manifiesto de Anders Breivik en: <http://info.publicintelligence.net/AndersBehringBreivikManifesto.pdf >.

ra Dorada ya no es la excepción, sino la regla. Los nazis ya no tienen que esconderse en la cara oculta de la Luna, sino que ahora pueden vivir tranquilamente en la Tierra, sin que nadie les moleste. Y por eso lo que ahora hace falta no es sólo que exista Syriza, sino que surja una izquierda europea fuerte y unida.

7

EL REGRESO DE LA REVOLUCIÓN CRISTIANO-CONSERVADORA

Slavoj Žižek

La expresión alemana *rückgängig machen*, que suele traducirse como «anular», «cancelar» o «desenganchar», tiene una connotación más precisa: deshacer algo de forma retroactiva, es decir, hacer como si no hubiese ocurrido. Aclara el sentido de lo que digo la comparación entre el *Fígaro* de Mozart y las óperas de Rossini. En Mozart, el potencial espíritu de emancipación política presente en la obra de Beaumarchais sobrevive pese a las presiones de la censura; basta recordar el final, cuando el conde tiene que arrodillarse para pedir perdón a sus súbditos (o la explosión de ese «¡Viva la libertad!» colectivo en el cierre del acto I de *Don Giovanni*). El logro asombroso de el *barbero* de Rossini debería contrastarse con el nivel alcanzado en esa otra ópera. Rossini eligió una pieza teatral que era uno de los símbolos del espíritu revolucionario de la burguesía francesa, para despolitizarla por completo y convertirla en una simple *opera buffa*. No resulta extraño que los años dorados de Rossini fuesen los que van de 1815 a 1830: los años de la reacción, cuando los poderes europeos emprendieron la tarea imposible del *Ungeschehenmachen* (hacer como si algo no hubiese ocurrido) respecto a los decenios revolucionarios precedentes. Fue eso lo que logró Rossini en sus grandes óperas cómicas: intentar resucitar la inocencia del mundo prerrevolucionario. Él no odiaba ni combatía activamente el nuevo mundo, sencillamente componía *como si los años 1789-1815 no hubieran existido*. Así pues, hizo bien en dejar (casi) de componer a partir de 1830, para dedicarse a ejercer de satisfecho *bon vivant* preparando sus *tournedos*, pues era en realidad la única actitud ética posible. Su largo silencio puede compararse al de Jean Sibelius o, en literatura, a los de Arthur Rimbaud y Dashiell Hammett.

En la medida en que la Revolución francesa es EL gran Acontecimiento de la historia moderna, la ruptura a partir de la cual «ya nada volvió a ser lo mismo», deberíamos plantearnos la siguiente pregunta: ¿acaso este «deshacer», este cancelar-el-Acontecimiento, no es uno de los destinos posibles de todos los Acontecimientos? ¿Cabría la posibilidad de imaginar una actitud consistente en una mirada partida en relación con el Acontecimiento que dijera: «Sé muy bien que no hubo ningún Acontecimiento, que lo único que se produjo fue el discurrir normal de los tiempos, pero quizás, por desgracia, sin embargo... (creo que) SÍ se produjo alguno»? Y, una posibilidad incluso más interesante, ¿pudiera ser que un Acontecimiento no fuese denegado directamente, sino de forma retroactiva? Imaginemos una sociedad que hubiera integrado en su sustancia ética los grandes axiomas modernos de la libertad, la igualdad, los derechos democráticos, el deber que tienen las sociedades de proveer a todos sus miembros de la educación y la sanidad básicas, y que considerase que el racismo o el sexismo son inaceptables y ridículos; una sociedad en la que no hiciese ni siquiera falta dar argumentos, por ejemplo, en contra del racismo, ya que todo aquel que lo defendiera sería considerado un excéntrico y un chiflado al que no se puede tomar en serio, etcétera. Y que luego, paso a paso, aunque esa sociedad siguiese llenándose la boca con esos axiomas, en realidad todos ellos hubiesen quedado desprovistos *de facto* de toda sustancia. Pues bien, tenemos ahora un ejemplo de una sociedad así en la actual fase de la historia europea: en el verano de 2012, Viktor Orbán, el presidente del Gobierno húngaro, un político de derechas, dijo que hay que construir en Europa un nuevo sistema económico...

... Y confiemos en que Dios nos ayude y no tengamos que inventar un nuevo tipo de sistema político para reemplazar la democracia si en cierto momento fuese necesario cambiar para preservar la supervivencia económica. [...] La cooperación no es cuestión de intenciones, sino de fuerza. Tal vez haya países donde las cosas no funcionan así, por ejemplo en Escandinavia, pero nosotros, que somos un pueblo semiasiático y harapiento, necesitamos la fuerza para permanecer unidos.[26]

Algunos disidentes húngaros captaron muy bien la ironía que encerraban estas palabras: cuando el ejército soviético entró en 1956 en Budapest para aplastar los levantamientos anticomunistas, el mensaje que enviaron repetidas veces a Occidente los atribulados líderes húngaros fue: «Aquí estamos defendiendo a Europa». (La defendían de los comunistas asiáticos, claro está). Tras la caída del comunismo, el Gobierno cristiano-conservador afirma que su principal enemigo es la democracia liberal, consumista y multicultural, que es lo que en la actualidad defiende Europa. Y ese mismo Gobierno habla de la necesidad de implantar un orden comunitario más orgánico a fin de sustituir la «turbulenta» democracia liberal de los últimos dos decenios. En lo que constituye el capítulo más reciente de la saga en la que se designa al Enemigo como la coincidencia de los opuestos (cosas como «el complot plutocrático-bolchevique» y otras parecidas), los excomunistas y los liberal-demócratas son, según ese punto de vista, dos caras de la misma moneda. Por eso no debería extrañarnos que Orbán y algunos de sus aliados expresen repetidamente la simpatía que les inspira el «capitalismo con valores asiáticos» que se practica en China, ni que vean el autoritarismo «asiático» como la solución que permite hacer frente a la amenaza de los excomunistas...

Tendríamos sin embargo que analizar este tema de forma gradual, de manera más sistemática, empezando por el obsceno envés de una realidad post-Acontecimiento que hace que deje de existir minándolo desde dentro. Según cierta leyenda, Alfred Hitchcock (que era católico) iba conduciendo un día su coche por Suiza cuan-

---

26. Tomo las frases de <http://www.presseurop.eu/en/content/news-brief/2437991-orban-considers-alternative-democracy>.

do, al atravesar una ciudad pequeña, de repente señaló a través de la ventanilla hacia la calle, exclamando: «¡Jamás en la vida había visto una escena tan monstruosa!». Un amigo suyo, que ocupaba el asiento del copiloto, volvió sorprendido la vista hacia donde Hitchcock señalaba y no vio nada especial, sólo a un sacerdote que hablaba con un muchacho al tiempo que lo cogía del brazo. Hitchcock frenó el coche, bajó el cristal de la ventanilla, y gritó: «¡Corre, chico, corre y salva tu vida!».

Aunque podríamos desdeñar esta escena y limitarnos a decir que es una muestra más del excéntrico carácter del cineasta, siempre dispuesto a montar números, lo cierto es que nos hace pensar en el «corazón de las tinieblas» de la Iglesia católica. Podría hacer que recordáramos los numerosos casos de pedofilia que sacuden a la Iglesia católica. Cuando sus representantes insisten en decir que todos esos casos, por deplorables que sean, son un asunto interno de la Iglesia, y se muestran infinitamente reacios a colaborar con la policía que los investiga, tienen, en cierto sentido, razón: la pedofilia de los sacerdotes católicos no sólo concierne a ciertas personas que, por motivos accidentales que nada tienen que ver con la Iglesia como institución, eligieron por azar la profesión sacerdotal; se trata de un fenómeno que concierne a la Iglesia católica como tal, que está inscrito en su funcionamiento mismo como institución socio-simbólica. No es algo que concierne al inconsciente «privado» de unos individuos, sino al «inconsciente» de la propia institución: no ocurre porque la institución, a fin de sobrevivir, tiene que adaptarse a las realidades patológicas de la vida libidinosa, sino que es algo que la propia institución necesita para seguir reproduciéndose. Podríamos imaginar perfectamente a un cura «normal» (sin tendencias pedófilas) que, después de vivir muchos años como sacerdote, terminase involucrado en un caso de pedofilia porque la propia lógica de la institución acaba seduciéndole y conduciéndole a ir por ese camino. Esta clase de Inconsciente Institucional designa el obsceno envés denegado que, precisamente por ser denegado, sostiene a esa institución pública. (En el ejército, este envés se materializa en los rituales obscenamente sexualizados del *fragging*, etcétera, que sostienen la solidaridad grupal). Dicho de otra manera, no es que simplemente, y por mero conformismo, la Iglesia trate de silenciar los escándalos de pedofilia por su efecto negativo, sino que, al defenderse, trata de ocultar su más recóndito y obsceno secreto. Lo cual significa que el identificarse con este lado secreto constituye un elemento clave de la identidad misma del sacerdote cristiano: si un sacerdote denuncia seriamente (y no por mera retórica) estos escándalos, en ese mismo instante se autoexcluye de la comunidad eclesiástica, deja de ser «uno de los nuestros» (igual que cualquier ciudadano del sur de EE. UU. que denunciara el Ku Klux Klan a la policía se autoexcluía de la comunidad a la que pertenecía, debido a que había traicionado su solidaridad fundamental). En consecuencia, la respuesta a la actitud reticente de la Iglesia debería consistir en recordar que se trata de delitos graves y que, si la Iglesia no colabora plenamente en su investigación, se convierte en cómplice *a posteriori*; es más, la Iglesia COMO TAL, como institución, debería ser objeto de una investigación por estar creando de manera sistemática las condiciones para la comisión de esos delitos. Es decir, lo que hace que esos delitos produzcan una gran conmoción no sólo se debe a que fueron cometidos en lugares vinculados a la religión, sino a que esos lugares formaban parte de tales delitos, y fueron directamente utilizados como instrumento de la maniobra de seducción:

> La técnica de seducción hace uso de la religión. Casi siempre, a modo de juegos preparatorios, se utiliza algún tipo de plegaria. Los mismos lugares en donde se producen los abusos huelen a religión: una sacristía, un confesionario, una rectoría, colegios católicos, asociaciones con base religiosa, lugares donde abunda la imaginería religiosa colgada de las paredes. [...] Una conjunción de las normas superestrictas en materia sexual propias de la religión (por ejemplo, que la masturbación sea considerada pecado mortal, lo que significa que cometer ese pecado una sola vez es suficiente para que el pecador sea condenado, si no se confiesa, al infierno), junto a la presencia de un guía que puede liberarte de esas enseñanzas oscurísimas y complejas explicándote cuáles son las sagradas excepciones, no menos oscurísimas y complejas. [El predador] utiliza la reli-

gión para sancionar aquello que está decidido a hacer, al decir que el sexo forma parte de su sagrado ministerio.[27]

No se invoca la religión con el único objeto de proporcionar el *frisson* de lo prohibido, es decir, para incrementar el placer convirtiendo la sexualidad en transgresión; por el contrario, la propia sexualidad se presenta en términos religiosos, entendiéndola como la curación religiosa del pecado (de la masturbación). Los curas pedófilos no eran progresistas tolerantes que seducían a los chicos diciéndoles que la sexualidad gay es saludable y está permitida: mediante una utilización magistral de la inversión que Lacan llamaba *point de capiton*, empezaban subrayando que el pecado confesado por los chicos (la masturbación) era realmente un pecado mortal, y luego se ofrecían a llevar a cabo actos gays (por ejemplo, la masturbación mutua), o sea, algo que sólo podría resultar un pecado incluso MÁS GRAVE, afirmando que ése es un método de «curación». La clave está en esa misteriosa «transustanciación»; la misma ley que prohíbe, y que nos hace sentir culpables de un pecado corriente, se utiliza después para autorizar un pecado mucho peor. Es como si en una especie de coincidencia de opuestos hegeliana, la ley y su peor transgresión coincidieran. Ahora podríamos preguntarnos: ¿acaso la actual política de Estados Unidos, en su estructura inherente, no es una especie de equivalente político de la pedofilia católica? El problema de ese renovado vigor moral no supone solamente la explotación manipulativa de la moral pública, sino también su movilización directa; y cuando apela a la democracia lo que hace va más allá de la simple hipocresía y la manipulación externa, ya que radica sobre todo en que moviliza y se apoya en unos anhelos democráticos «sinceros».

En el verano de 2012 se produjo en Eslovenia una muestra casi clínicamente pura de la obscenidad de la Iglesia católica. Dos fueron los intérpretes de los papeles principales: el cardenal conservador Franc Rodé, un esloveno situado en lo más alto de la nomen-

27. Gary Wills, «Scandal», *The New York Review of Books*, 23 de mayo de 2002, p. 6.

clatura eclesiástica, y Alojz Uran, un arzobispo que fue primero depuesto por el Vaticano, y que luego recibió la orden de salir inmediatamente de Eslovenia, como mínimo hasta que se arrojara luz sobre las graves acusaciones que pesaban sobre él. Como Uran era muy popular entre los creyentes católicos comunes, comenzaron a correr rumores sobre los motivos que justificaban un castigo tan duro. Tras una semana de silencio embarazoso, las autoridades eclesiásticas tuvieron que reconocer muy a su pesar que Uran era sospechoso de ser el padre de un hijo ilegítimo; una explicación que, por diversos motivos, fue recibida con incredulidad generalizada. Para empezar, porque hacía varios decenios que circulaban rumores sobre la paternidad de Uran, y la gente podía preguntarse por qué razón la Iglesia no había tomado medidas antes de que Uran fuese nombrado arzobispo de Eslovenia. Segundo, porque el propio Uran proclamó públicamente que estaba dispuesto a someterse a una prueba de ADN, o a cualquier otra clase de pruebas que pudieran demostrar que no tenía hijos. Y por último, también es importante recordar que desde hacía muchos años se libraba en el seno de la Iglesia eslovena una batalla entre los conservadores (con Rodé en sus filas) y los moderados (entre los que se encontraba Uran). Sea cual sea la verdad, lo cierto es que a la gente le escandalizó el doble rasero aplicado por la nomenclatura católica, pues mientras que Uran era obligado a irse de Eslovenia por la simple sospecha de que hubiera podido tener un hijo, la reacción de la Iglesia eslovena ante los numerosos casos de sacerdotes acusados de pedofilia había sido muchísimo más suave: las acusaciones no llegaron a presentarse ante la policía; el cura responsable de los presuntos delitos jamás fue castigado por la jerarquía, sino que se le envió a alguna zona remota del país; la propia Iglesia presionó a los padres de los niños que habían sido objeto de los abusos para que nada saliera a la luz, etcétera.[28]

28. Otra estrategia no menos cínica consistió en echarle la culpa al enemigo. Las autoridades católicas llegaron al extremo de afirmar que la culpa de la epidemia de pedofilia que padecía la Iglesia católica era consecuencia de la permisividad sexual que ha vivido el mundo desde los años sesenta...

Pero lo que empeoró las cosas todavía más fue la actitud abiertamente cínica del supuesto «realismo» del cardenal Rodé, quien, en una de las entrevistas concedidas a una radio, afirmó que «se trata de una cuestión estadísticamente irrelevante: a lo sumo uno o dos de cada cien sacerdotes han vivido esta clase de aventuras». Lo que enseguida llamó la atención fue la expresión «esta clase de aventuras», empleada a modo de eufemismo para no pronunciar la palabra pedofilia. El crimen brutal que supone la violación de niños se transformaba, en palabras del cardenal, en una demostración de «vitalidad» (otra palabra empleada por Rodé), una aventura normal ya que, en otra entrevista, llegó a asegurar que «en un periodo de cuarenta años no creo que nadie dude de que de vez en cuando se hayan cometido algunos pecados veniales». Es la obscenidad católica en estado puro. No existe la menor solidaridad con las víctimas (en este caso, niños). Y, por debajo de esa postura moralmente tan recta, lo que encontramos es a lo sumo una solidaridad casi transparente con los que han perpetrado los delitos, y siempre en nombre de un cinismo de tono realista (que afirma que la vida es así, que debajo de la piel todos tenemos instintos muy fuertes, que los curas pueden ser, como cualquier otro, dados a la aventura y estar llenos de vitalidad...). De manera que, al final, parecería que la única víctima fuese la Iglesia y que los que perpetraron esos delitos se habían visto sometidos, los pobres, a una campaña mediática totalmente injusta. Por lo tanto, las líneas rojas quedan trazadas con claridad: la pedofilia es nuestra, es nuestro sucio secreto, y así entra dentro de lo normal, es el fundamento secreto de nuestra normalidad; por el contrario, que un cura engendre a un hijo es una auténtica violación que debe ser rotundamente rechazada. Lo dijo G.K. Chesterton en su libro *Ortodoxia* (aunque no tuviera plena conciencia de las consecuencias de sus palabras, claro):

> El anillo exterior de la cristiandad es una coraza que protege la abnegación ética y la seriedad de los auténticos sacerdotes; pero si pudiéramos mirar por debajo de esa coraza inhumana nos encontraríamos con la archiconocida vida humana danzando con la ener-

gía del niño, bebiendo vino como el adulto; pues el cristianismo no es más que un marco viejo para la libertad del paganismo.

Es inevitable, llegados a este punto, que saquemos una conclusión perversa: ¿quieres disfrutar del sueño pagano, ese sueño de una vida de placeres, y no tener que pagar el precio de la tristeza melancólica que esa vida acarrea? ¡Hazte cristiano! Podemos discernir huellas de esta paradoja cuando nos fijamos en la conocida figura católica: el cura (o la monja) entendido como el estandarte final de la sabiduría sexual. Recordemos aquí la escena posiblemente más impresionante de *Sonrisas y lágrimas*: me refiero a ese momento en el que María huye de la familia Trapp para refugiarse en el monasterio, porque no es capaz de resistir el atractivo sexual que siente por el barón von Trapp. Tampoco allí encuentra la paz, ya que sigue anhelando al barón. Hay una escena memorable en la cual la Madre Superiora la hace llamar y le aconseja que vuelva al lado de la familia Trapp, y que trate de aclarar su relación con el barón. Un mensaje que expresa a través de una canción un tanto extravagante, la que se titula «¡Sube a todas las montañas!», cuyo sorprendente leitmotiv es: ¡Hazlo! ¡Acepta los riesgos, intenta hacer todo lo que tu corazón te diga que hagas! ¡No permitas que se interpongan en tu camino consideraciones sin importancia! La ominosa fuerza de esta escena se basa en la inesperada exhibición del espectáculo del deseo, que hace que se trate de una escena literalmente embarazosa: la persona de la que uno espera que predique la abstinencia y la renuncia resulta ser la defensora de la idea de que debemos ser fieles a nuestros deseos.

No deja de ser significativo el hecho de que cuando la película se proyectó en los cines de la (aún socialista) Yugoslavia a finales de los años sesenta, esta escena precisamente, que dura tres minutos, fuese la única parte censurada (cortada) de la película. El censor, anónimo y socialista, demostró de esta manera poseer una visión profunda de cuál es el verdadero poder oculto de la ideología católica: lejos de ser la religión del sacrificio, de la renuncia a los placeres terrenales (frente a la afirmación pagana de la vida de las pasiones), la cristiandad brinda a sus seguidores una retorcida estratagema que les permitirá dar rienda suelta a los placeres SIN TENER QUE PA-GAR NINGÚN PRECIO POR ELLOS; una estratagema que permite disfrutar de la vida sin miedo al dolor que envejece y debilita, y que nos aguarda al final del día. Si seguimos en esta dirección hasta el final, sería incluso posible sostener que precisamente ahí se encuentra el objetivo último del sacrificio de Cristo: puedes disfrutar de tus deseos y darles rienda suelta, ¡porque yo cargué con toda la culpa y pagué el precio! Dentro del perverso funcionamiento del cristianismo, la religión es evocada como una salvaguardia que nos permite disfrutar impunemente de la vida. En efecto, Lacan tenía razón al darle la vuelta a la conocida aseveración de Dostoievski: si Dios existe, todo está permitido. Hoy en día, cuando los casos de pedofilia brotan como setas en otoño por toda la cristiandad, podemos fácilmente imaginar una nueva versión de esa escena de *Sonrisas y lágrimas*: un sacerdote recién ordenado se acerca a su superior para quejarse de que todavía le torturan los deseos que siente por los chicos, y para pedir que le castigue más. La respuesta del sacerdote veterano sería cantar: «Súbete encima de todos los chicos...».

Es necesario establecer aquí una distinción que separe la homosexualidad adulta masculina de la pedofilia. Los recientes brotes de homofobia surgidos en las repúblicas poscomunistas de la Europa oriental deberían conducirnos a detenernos un momento a pensar: en los desfiles gays que hubo durante los últimos años en Serbia y Croacia (Belgrado, Split), la policía fue incapaz de proteger a los participantes, que fueron objeto de feroces ataques por parte de miles de fundamentalistas cristianos. ¿Cómo entender que se produzca toda esta ira y que conviva con el hecho de que la principal fuerza antigay en Croacia sea la Iglesia católica, una Iglesia famosa por los numerosos escándalos pedófilos ocurridos en su seno? (Un activista gay croata subrayó con sarcasmo que el error que cometen los gays es el de elegir como pareja a un adulto, en lugar de preferir a los niños). Si trazamos un paralelismo con el ejército, que es el otro tipo de masa organizada que Freud clasificó en el mismo apartado que la Iglesia, encontraremos un camino que permite proseguir la reflexión. A partir de mi propia experiencia del servicio militar, ocurrida en 1975, conservo el recuerdo de la homofobia extremada que practicaba el antiguo e infame ejército popular de Yugoslavia. Si se descubría que alguien tenía tendencias homosexuales, se le convertía al instante en un paria, se le trataba con el máximo desprecio, y acababa siendo expulsado del ejército. Pero, al mismo tiempo, la vida cotidiana del ejército rezumaba insinuaciones homosexuales por todas partes.[29]

¿Cómo es posible que se dé esta extraña coincidencia de opuestos? Robert Pfaller ha descrito el mecanismo:

> Tal como Freud observó, los mismos actos que la religión prohíbe se practican en nombre de ella. En esos casos (por ejemplo, si se comete un asesinato en su nombre) la religión se las arregla muy bien sin casi mancharse. Esos archidefensores de la vida humana que, por ejemplo, se oponen al aborto, no tienen problemas a la hora de matar a médicos o enfermeras. Los que desde la extrema derecha se oponen en Estados Unidos a la homosexualidad masculina actúan de manera similar. Salen en grupo a «dar palizas» a los gays, y si se tercia acaban violándoles después de golpearles. Por lo tanto, cabe la posibilidad de conseguir la gratificación de los impulsos que conducen al asesinato o a la homosexualidad, con la única condición de que parezca que se trata de una reacción a una supuesta provocación. Lo que en apariencia es «oposición» produce el efecto de conseguir que la X que se trata de aniquilar haga acto de presencia, pero sea interpretada como una no X.[30]

29. Por ejemplo, mientras los soldados hacían cola para recoger su ración de comida, una broma estándar era que el de atrás le metiera el dedo índice en el culo al que tenía delante; luego lo sacaba rápidamente, de modo que cuando el soldado de delante, sorprendido, se daba media vuelta, ya no podía saber cuál de los soldados que tenía detrás y que ahora lo miraban con la misma sonrisa estúpida se lo había hecho. Una forma corriente de saludar en mi unidad consistía en sustituir el «¡hola!» habitual por un «¡chúpame el nabo!» (*pusi kurak!* en serbocroata); esta fórmula estaba tan estandarizada que terminó perdiendo por completo su connotación obscena, se decía en un tono neutral y era una simple muestra de cortesía.

30. Robert Pfaller, *The Potential of Thresholds to Obstruct and to Facilitate. On the Operation of Displacement in Obsessional Neurosis and Perversion* (ensayo inédito, 2002).

Nos encontramos aquí ante un caso de libro de la «determinación oposicional» hegeliana: en la figura del matón que sale a dar palizas a los gays y que incluso viola a algunos de ellos, el gay se encuentra en esta determinación oposicional, es decir, que la tautología (autoidentidad) se presenta con la máxima contradicción. Ésta es la contradicción inmanente que se sitúa en el corazón mismo de la identidad de la Iglesia, que la convierte en la principal fuerza anticristiana de nuestros tiempos. Dice la leyenda que cuando, en 1804, el papa se acercaba a Napoleón para poner la corona en la cabeza del emperador, Napoleón le quitó la corona de las manos y se la puso él mismo. El papa replicó: «Sé que vuestra intención es destruir la cristiandad. Pero, creedme, fracasaréis. La Iglesia lleva casi dos mil años intentándolo, y aún no lo ha conseguido».

Con gente como el cardenal Rodé de Eslovenia, podemos comprobar que la Iglesia sigue haciendo esos mismos esfuerzos, y no hay motivo para que nos alegremos de que las cosas sigan siendo así, ya que es muy triste. La herencia cristiana es demasiado preciosa y, hoy por hoy, más pertinente que nunca. En sus *Notas para la definición de una cultura*, T.S. Eliot subrayó que hay momentos en los que sólo podemos elegir entre la herejía y la incredulidad, en los que la única forma de mantener viva una religión sería llevar a cabo una escisión sectaria que nos apartase de su cuerpo principal. Y esto es lo que habría que hacer en la actualidad.

8

EN TIERRA DE SANGRE Y DINERO:
ANGELINA JOLIE Y LOS BALCANES

Srećko Horvat

El hecho de que el más famoso filósofo humanitario del mundo escriba un panegírico elogiando el debut como directora de la más famosa actriz humanitaria del mundo no debería sorprender a nadie. En un texto publicado en *The Huffington Post*, Bernard-Henri Lévy dijo del debut como directora de Angelina Jolie (*En tierra de sangre y miel*, 2011), una historia de amor sobre el telón de fondo de la guerra de Bosnia, que era «una película que, por tomar prestada la frase de Godard, no es sólo un film, sino un film justo, que hace justicia a los muertos y honra a los supervivientes. [...] Veamos de qué modo la sociedad bosnia contempla su secreto más doloroso. De repente aparece esa gran actriz, que también es una gran señora, y que ha utilizado su prestigio para que, por vez primera, los bosnios hayan podido levantar la cabeza, hasta ahora gacha».[31]

En tierra de sangre y miel, que fue estrenada en el Festival de Cine de Berlín en febrero de 2012 y llegó a los cines de la antigua Yugoslavia poco después, no ha sido recibida con el mismo entusiasmo en esa región. Para empezar, porque la película ha desatado polémica, con protestas por parte de las mujeres bosnias (que aho-

31. Bernard-Henri Lévy, «Angelina Jolie, Bosnia in Her Heart», *The Huffington Post*, 2 de febrero de 2012. Disponible en: <www.huffingtonpost.com/bernardhenri-levy/angelina-jolie-bosnia_b_1290338.html>.

ra, en cambio, hablan muy bien de la película), a lo que hay que sumar una querella por plagio, así como amenazas de muerte y acusaciones de que hubo hackers serbios que consiguieron que la película cayera muy abajo en las listas de interés de internet.

Pero en cuanto comenzó la gira de Angelina Jolie, la película despertó un enorme interés en los medios, como mínimo en Bosnia-Herzegovina y en Croacia, hasta el punto de que presidentes, diplomáticos y alcaldes de diversas ciudades dieron a esa estrella de Hollywood un recibimiento comparable al que se le hubiera hecho a Clinton si visitara de nuevo nuestros países. La única diferencia es que, en 1996, Clinton no llegó a entrar en Zagreb, apenas aterrizó en el aeropuerto, embutido en su famoso chaquetón de cuero, y allí mismo mantuvo una breve conversación con el presidente. Como mínimo, Jolie pasó algunas horas en Zagreb, estuvo en el cine, y luego regresó directamente al aeropuerto. Fue un espectáculo impresionante para un país pequeño como Croacia y, como es natural, casi nadie habló de la película.

El film cuenta la historia de Danijel, un soldado del ejército serbio de Bosnia, y de Ajla, una musulmana bosnia que tuvo una relación con él y que, cuando el relato comienza, es una de las personas cautivas en un campo de concentración donde él está destinado. Se trata de una mala repetición de esa vieja y buena historia narrada, en su versión más reciente bajo el título de *El lector* (Stephen Daldry, 2008), y de forma inolvidable en *El portero de noche* (Liliana Cavani, 1974). En síntesis, la historia trata de la relación entre el verdugo y la víctima y de cómo las perspectivas opuestas de cada uno de ellos acaban invirtiéndose conforme avanza el relato. Por un lado está el criminal de guerra (en *El lector*, la guardiana de un campo de concentración; en *El portero de noche*, un exoficial de las SS; el militar serbio en la película de Jolie) y, por otro lado, la víctima (un chico que leía libros a la guardiana; un superviviente de un campo de concentración; una mujer musulmana en la guerra de Bosnia). El elemento en común de las tres películas es la historia de amor fatal entre un criminal y su víctima inocente; y la única diferencia radica en que, en *El lector*, el chico averigua ocho años más tarde, cuando ya es un alumno de la Facultad de Derecho, que la mujer a quien había estado leyendo libros es una de las acusadas en el juicio contra los responsables de haber dejado que muriesen trescientas mujeres judías en el incendio de una iglesia.

También tienen las tres películas en común el hecho de que los roles se vayan haciendo cada vez más confusos a medida que la historia se desarrolla. El mejor ejemplo de lo que digo lo encontramos en *El portero de noche*, cuando, a los trece años de haber salido del campo de concentración, Lucia vuelve a encontrarse con Maximilian, que ahora trabaja en un hotel vienés y, en lugar de denunciarle, vuelve a caer en la vieja relación sadomasoquista de antaño. Esta relación es lo que —recordando el caso del *Sonderkommando*, las «unidades especiales» formadas por reclusos a los que les asignaban la tarea de conducir a sus compañeros del campo hacia las cámaras de gas— Primo Levi denominaba «zona gris», esa zona en la cual la «larga cadena de conjunción entre la víctima y el ejecutor se afloja». O, por decirlo con las palabras que utiliza Giorgio Agamben en *Lo que queda de Auschwitz*: «Allí donde el oprimido se convierte en opresor y el verdugo aparece convertido en víctima. Una alquimia gris e incesante en la que el bien y el mal, y con ellos todos los metales de la ética tradicional, alcanzan su punto de fusión».[32]

Quien mejor ha expresado esta nueva *terra ethica* es el personaje de Michael en la novela *El lector*, de Bernhard Schlink, en la que está basada el argumento de la película con ese mismo título: «Yo quería al mismo tiempo comprender el crimen de Hanna y condenarlo. Pero era demasiado terrible para permitirme que pudiese hacer ambas cosas a la vez. Cuando trataba de comprenderlo, tenía la sensación de ser incapaz de condenarlo como lo merecía. Cuando lo condenaba como lo merecía, no había lugar a la comprensión. Pero incluso cuando trataba de comprender a Hanna, el ser incapaz de hacerlo significaba traicionarla otra vez. No me sen-

---

32. Giorgio Agamben, *Remnants of Auschwitz*, Zone Books, Nueva York, 2002, p. 21. [Versión en castellano: *Lo que queda de Auschwitz. El archivo y el testimonio*, Pre-Textos, Valencia, 2002]. *(N. de la E.)*

tía capaz de resolver este dilema. Quería plantearme ambas tareas a la vez: comprender y condenar. Pero no se podían hacer las dos cosas simultáneamente».[33] Dicho de otro modo, cuando tratamos de comprender el crimen, dejamos de condenarlo; y cuando lo condenamos, dejamos de comprenderlo.

Entonces, ¿qué es lo que echo de menos en la película de Jolie? En primer lugar, la narración es superficial y los personajes son muy planos. Excepto en algún que otro diálogo, no alcanzamos a ver el horror que sienten cuando sus dudas desembocan en la imposibilidad de distinguir el bien y el mal. La película *En tierra de sangre y miel* se encuentra en el punto opuesto al que describe la famosa fórmula de Nietzsche: «Lo que se hace por amor siempre acontece más allá del bien y del mal». La mujer musulmana traiciona a su amante; y su amante, el oficial serbio, la mata. En la película no existe un amor que esté por encima de las diferencias (éticas): Ajla elige su lado (el musulmán), y Danijel elige también el suyo (el serbio). En lugar de refugiarse en un universo aislado como el de la pareja de *El portero de noche*, que les condenaría de forma consciente e irremediable a una vida sin musulmanes ni serbios, sin comida, sin lo imprescindible para vivir, deciden permanecer fieles a la diferencia socialmente construida (serbios/musulmanes), justo aquello contra lo que habían opuesto resistencia. Y eso nos conduce al principal problema ideológico del film: intenta difuminar las fronteras de la dicotomía estándar victimario-víctima, contando la historia de una mujer musulmana que se enamora de un oficial serbio. Pero lo que consigue es precisamente lo contrario. No estamos ante una terrible tragedia. A diferencia de lo que le pasa a Michael en *El lector*, Ajla no tiene dudas morales, y se siente feliz en la celda que ella misma ha elegido para sí, donde puede pintar y disfrutar de las cenas con su pareja; Danijel, por su parte, se limita a servir a su padre, un general serbobosnio. Nos encontramos ante una recreación superficial del complejo de Edipo, al que también se priva de su dimensión trágica. Después de que el padre de Danijel permita que otro soldado viole a Ajla, Da-

33. Bernhard Schlink, *El lector*, Anagrama, Barcelona, 2000.

nijel acabará matando a ese soldado, pero en lugar de enfrentarse por fin a su padre, sigue aceptando sus órdenes, y en el último momento termina haciendo lo que él querría que hiciese: mata a su amante. El único elemento potencialmente subversivo de la película es la enunciación de un «lo siento» simplón, casi ingenuo. En vez de tratar de buscar una solución junto con su amante (por ejemplo, al estilo de la que adopta la historia en *El portero de noche*, con la huida de la pareja a los montes que rodean Sarajevo), Danijel se limita a repetir un castrado «lo siento» (dirigido a las mujeres que son violadas en el campo donde él está de guardia, etcétera). Más tarde, tras revelar dónde se encuentra el refugio de Danijel y su unidad del ejército serbio, también Ajla repite esa misma excusa (*izvini*).

Por difícil que resulte imaginarlo —uno esperaba que Danijel le explicase a Ajla por qué motivos participaba en las operaciones de limpieza étnica—, en esta parte el film nos hace pensar en el antiguo mito de Eco y Narciso. Ajla (que es musulmana) sería Eco, quien tras haber sido objeto de la maldición por parte de los dioses celosos, no podrá jamás hablar por sí misma (al igual que no pueden tampoco hacerlo las mujeres del campo de prisioneros que han sido violadas), y se verá condenada a repetir el final de las frases que los otros pronuncian. Danijel (un serbobosnio) sería Narciso, que sólo es capaz de ver su propia imagen y termina cayendo en la trampa que se tiende a sí mismo (con la ayuda de su padre). Hay una escena memorable en el documental *Derrida*, de Kirby Dick y Amy Ziering Kofman, en donde Jacques Derrida explica este punto muerto diciendo:

> En cierto sentido, ella [Eco] se apropia del lenguaje de él. Al repetir el lenguaje de otro, está sellando su amor. Al repetir, se comunica con él. Habla en nombre propio y lo hace repitiendo las palabras de él. Y como siempre ocurre con el lenguaje, uno es ciego. Y básicamente Eco corresponde, ciega pero de manera muy lúcida, a Narciso. Al fin y al cabo, es una historia de amor. Eco corresponde a Narciso, que también está ciego porque Narciso comprende que sólo puede verse a sí mismo, que en el agua sólo ve su propia ima-

gen. Verse sólo a uno mismo es una forma de ceguera. No ves nada más. Eco y Narciso son por tanto dos personas ciegas enamoradas la una de la otra. Y bien, ¿cómo se pueden amar mutuamente dos personas ciegas? Ésa es la cuestión.[34]

Cuando repite «lo siento», Ajla responde a Danijel usando las palabras de él, y al hacerlo se comunica con él: sí, ella le ama, pero también le traiciona por la misma razón por la que él la traicionó a ella cuando aceptó que se cometieran atrocidades, ante lo cual Danijel se limitó a tratar de conseguir que le perdonasen con un simple «lo siento» carente de todo significado. Lo verdaderamente subversivo —lo único que tal vez podría haber salvado el film— habría sido que Danijel hubiese aceptado las disculpas de ella y seguido como si nada hubiera ocurrido, tal como Ajla había hecho antes: «Sí, sé que estamos aceptando lo que apenas son conceptos ideológicos, de hecho, no hay diferencias reales entre musulmanes y serbios; sí, sé que tú sólo estabas cumpliendo tu deber, pero sigo amándote y tu traición no me importa porque significa solamente una caída más en la trampa del odio étnico». Lo que se echa de menos en la película dirigida por Jolie es precisamente la dimensión trágica del amor fatal. No sólo hay una mala representación del amor trágico, sino también de la capacidad que ese amor tiene para avanzar, para ir más allá. Esto podríamos ilustrarlo muy bien recordando el extraño caso de Andrej Nikolaidis, el escritor montenegrino que obtuvo el Premio Europa hace no mucho tiempo. Nikolaidis nació y creció en Sarajevo, pero en 1992 consiguió huir de la ciudad e instalarse en Montenegro. Siempre ha sido un antibelicista activo y un defensor de los derechos humanos, y en 2004 publicó un texto titulado «El aprendiz de verdugo» en el que denunciaba al director serbio Emir Kusturica por haber sido una de las grandes estrellas mediáticas serbias en una época en la cual «la propaganda bélica de Milošević apoyaba a todo aquel que tuviera algo estúpido pero patriótico que decir y sirviese para entretener a todos los que fueran insensibles al sufrimiento humano, ciegos

34. Puede verse en: <www.youtube.com/watch?v=ya46wfeWqJk>.

ante su propia culpa, y lo bastante necios como para creer en su propia rectitud».[35]

El director de cine demandó a Nikolaidis por calumnias, y los tribunales le dieron la razón; tras varias apelaciones al final Nikolaidis fue condenado a pagarle a Kusturica doce mil euros en concepto de reparación por la «angustia» que le había producido la publicación del artículo. En enero de 2012 Nikolaidis publicó un nuevo artículo, «Lo que queda de la Gran Serbia», en el que osaba dar una explicación muy diferente a la oficial acerca de un intento de ataque terrorista que se produjo durante la ceremonia de celebración oficial del vigésimo aniversario de la República Srpska, uno de los dos principales entes políticos de Bosnia-Herzegovina, conocida por su infame «acuerdo de vínculos especiales» con Serbia. El texto provocó una polémica sin precedentes y, como consecuencia, Nikolaidis fue objeto de amenazas, además de que se acabó produciendo incluso un enfrentamiento diplomático entre Serbia y Montenegro.

¿Cuál era el problema? Nikolaidis citó en su artículo la famosa frase de Walter Benjamin: «No hay ningún documento de la cultura que no sea al mismo tiempo un documento de la barbarie», asegurando que la creación de la entidad política de la República Srpska era el resultado de un genocidio. Hubiera podido ser considerado como «un paso adelante de la civilización», proseguía el artículo, en caso de que el fallido acto terrorista hubiera utilizado dinamita no por motivos de odio nacionalista y étnico, sino porque el terrorista era «un obrero insatisfecho que había comprendido que el antagonismo nacionalista y religioso era sólo una máscara bajo la cual las élites ocultan el antagonismo básico de toda sociedad, el antagonismo de clase».[36] Poco tiempo después, un diario serbio aseguró en primera página que Nikolaidis era un terrorista que tenía la intención de asesinar al presidente y al patriarca serbios. Al ser informado por los periodistas de que Nikolaidis

35. Véase: <www.bhraja.ca/vijesti/bh-teme/%22d%c5%beelatov-%c5%a1egrt%22-%11-tekst-zbog-kojeg-je-kusturica-tu%c5%beio-nikolaidisa.html>.

36. Véase: <www.e-novine.com/stav/56790-ostalo-velike-srbije.html>.

acababa de recibir el premio de Literatura de la Unión Europea, el presidente de la República Srpska, Milorad Dodik, señaló: «Pueden citarme literalmente: ¡que le den por culo a su literatura!». No tardó mucho tiempo en aparecer Emir Kusturica. Y cuando lo hizo, no resistió la tentación de decir que Nikolaidis era «un talibán montenegrino» que fomentaba «el terrorismo en los Balcanes». Al final, y el hecho no carece de importancia, ¡Kusturica amenazó a Nikolaidis con volver a demandarle! Podríamos añadir aquí que Kusturica y su Orquesta de No Fumadores interpretan una canción titulada «Wanted Man», dedicada ni más ni menos que a Radovan Karadžić, el primer presidente de la República Srpska, actualmente en La Haya, acusado de ser un criminal de guerra por el Tribunal Internacional.

Entonces, preguntémoslo otra vez: ¿cuál es el problema? El asunto es que el párrafo en discusión, ese párrafo donde habla de «un paso adelante de la civilización», puede que sea muchas cosas, pero no nacionalista. Se opone a toda clase de nacionalismos. Ese fallido acto terrorista habría sido «un paso adelante de la civilización», según Nikolaidis, si el pobre terrorista hubiera comprendido que el problema no es el odio nacionalista, sino la lucha de clases. Y en esto consiste asimismo el principal problema de la película de Angelina Jolie: nos encontramos de nuevo con la vieja cuestión de la imposibilidad de musulmanes y serbios para vivir en un mismo país. La historia de la guerra entendida como consecuencia del odio étnico y el nacionalismo. En ningún momento del film aparece el más mínimo rastro de las otras posibles causas del hundimiento de Yugoslavia. Se habla sólo de viejos mitos acerca del orgullo que sienten los serbios por su papel en la defensa de Europa frente a los musulmanes, etcétera. Así que cuando Bernard-Henri Lévy dice que esta película narra la historia de «un punto ciego en la historia del siglo xx» tiene razón. Pero ocurre que «el punto ciego» no es la guerra de Bosnia en sí misma. Srebrenica no se usa sólo como justificación para una «intervención humanitaria» en Siria, sino que lleva ya dos decenios siendo utilizada torticeramente en todo el mundo. Dicho en otras palabras, ¿acaso Lévy, que llamó a Sarkozy para pedirle que interviniese en Libia, no está, también él, ocultando los verdaderos motivos de esa clase de intervenciones? ¿Acaso no podríamos plantear también otra cuestión y preguntarnos: por qué sí en Siria y no en Israel? ¿Por qué Lévy no escribe alabanzas sobre un film acerca de las atrocidades israelíes en Cisjordania, en lugar de dedicar sus elogios a otra película que trata de una guerra ocurrida en los Balcanes hace veinte años?

Naturalmente, todavía sentimos las consecuencias de la guerra en todas las regiones de la desaparecida Yugoslavia, desde Croacia y Bosnia-Herzegovina hasta Serbia y Kosovo. Y, es cierto, la película de Jolie fue un gran paso adelante para estimular el conocimiento del hecho de que un número estimado de cincuenta mil mujeres y niñas musulmanas de Bosnia fueran violadas por las fuerzas serbias durante los primeros años de la guerra.[37] Pero si llevamos a cabo un pequeño experimento y desplazamos el escenario de la película a cualquier otra zona de guerra que no sea Bosnia, y quitamos las referencias que aquí y allá se hacen acerca de la ideología serbia, ¿acaso la narración no funcionaría igual? Ése es el problema de *En el país de sangre y miel*: es incapaz de encontrar ningún motivo que no sea el odio étnico (y el deseo sexual) para explicar el conflicto. Sin embargo, en el momento de su estreno en Croacia, el ministro de Economía anunciaba a los croatas la llegada de nuevas privaciones debido a las medidas de austeridad, que afectaban no sólo a la sanidad y la seguridad social sino también a las cárceles. Lo mismo ocurre en las demás zonas de toda la región de la antigua Yugoslavia, donde los «magnates de la guerra» utilizaron primero el caos provocado por el conflicto para robar («privatizar») las empresas e industrias estatales (en el film de Jolie no hay ni rastro de estas otras «unidades especiales») y donde, posteriormente, se aplicaron los llamados «ajustes estructurales» de manera oficial y legal desde el mismo Estado.[38]

37. Slavenka Drakulić, «Can Hollywood tell the truth about the war in Bosnia?», *The Guardian*, 17 de febrero de 2012. Disponible en: <www.guardian.co.uk/commentisfree/2012/feb/17/bosnia-in-the-land-of-blood-and-honey>.

38. Igor Štiks y Srećko Horvat, «Welcome to the Desert of Transition...», *op. cit.*

Cuando un crítico de cine bosnio escribió que «la película de Angelina Jolie es lo mejor que le ha ocurrido a Bosnia-Herzegovina desde los Acuerdos de Dayton», habría que responderle que en realidad pasa justamente al revés. Lo que todos los países de la extinta Yugoslavia necesitan no es una tierra de sangre y miel, sino una película diferente que se titulara: *En tierra de sangre y dinero*. Un film que mostrara que las atrocidades no fueron cometidas sólo en nombre de la Nación o de la Pertenencia Étnica, sino —como siempre— en nombre del Dinero. Aquellos que, como Bernard-Henri Lévy, creen que la película dice «la verdad» acerca de la guerra yugoslava, o bien son unos ignorantes o bien esconden deliberadamente la verdadera causa del conflicto; caen en la misma trampa que ese soldado serbio que mató a la mujer que era el amor de su vida porque, en último término, había empezado a creer la historia que contaba su malévolo padre. Al final, el resultado no es un renovado interés por la guerra, sino un espectáculo mediático en el que se le preguntan a Angelina Jolie cosas como: «¿Piensa visitar los preciosos paisajes de Croacia el verano que viene?». A lo que ella respondió: «Brad ha empezado a mirar fotos, y se muestra interesado». Eso en lo relativo al «punto ciego» de Lévy. Como reza el eslogan oficial del Patronato Croata de Turismo: «Un país pequeño para unas grandes vacaciones».

9

LA MARCHA TURCA

Slavoj Žižek

La melodía *Ode an die Freude*, perteneciente al último movimiento de la Novena Sinfonía de Beethoven, es el himno extraoficial de la Unión Europea, y se escucha en numerosos acontecimientos políticos, culturales y deportivos. Se trata de un auténtico «significante vacío» capaz de representar cualquier cosa. En Francia, Romain Rolland elevó este himno a la categoría de oda humanista que canta la hermandad de todos los pueblos («la Marsellesa de la humanidad»). No obstante, en 1938 fue interpretada en el momento culminante de las jornadas musicales del Reich (*Reichsmusiktage*), y más tarde sonó en la celebración del cumpleaños de Hitler; en la China de la Revolución Cultural, al mismo tiempo que se producía el rechazo generalizado de los clásicos europeos, este himno se salvó de la quema, y fue redimido por ser considerado un ejemplo de progresismo y de la lucha de clases; además, hoy en día ha alcanzado en Japón el estatus de objeto de culto, y allí es frecuente que esta melodía penetre en el mismísimo tejido social del país en nombre del mensaje que supuestamente transmite, el de la «alegría en el sufrimiento»; y en otro ámbito, durante la época en la que los deportistas de Alemania oriental y Alemania occidental tenían que participar juntos, como un solo equipo, en las olimpiadas (hasta los años setenta), cuando uno de sus atletas obtenía la medalla de oro se interpretaba el «Himno de la Alegría»; sin embargo, y de un modo simultáneo, el régimen establecido en Rodesia por Ian Smith, que proclamó su independencia a finales de los años sesenta a fin de poder continuar aplicando la política del apartheid en su territorio, también designó esa misma melodía como himno nacional. Incluso Abimael Guzmán, el líder del grupo ultraterrorista Sendero Luminoso, hoy encarcelado, cuando fue preguntado acerca de cuál era su música favorita, mencionó el cuarto movimiento de la Novena Sinfonía de Beethoven.

De modo que podríamos imaginar una interpretación fícticia del «Himno de la Alegría» en la que todos los que se han considerado y se consideran enemigos mortales, desde Hitler hasta Stalin, desde Bush hasta Sadam,[39] olvidarían momentáneamente sus diferencias para participar del mismo instante mágico de éxtasis fraternal...

Ahora bien, antes de descalificar este cuarto movimiento como una pieza musical que, en este sentido, ha quedado destruida por culpa del uso social que se le ha dado, fijémonos en algunos aspectos de su estructura. Hacia la mitad de este movimiento, tras haber escuchado el tema principal (el de la Alegría) en tres variaciones orquestales y otras tres vocales, cuando llega el primer clímax, ocurre de repente algo inesperado que sigue dejando perplejos a los críticos incluso ciento ochenta años después de que la sinfonía fuese interpretada por vez primera: al llegar al compás 331, el tono cambia por completo y, en lugar de continuar la solemne progresión hímnica, se repite ese mismo tema de la Alegría, aunque ahora adaptado al estilo de la *Marcia Turca* («marcha turca») que Beethoven toma prestado de las composiciones para viento y percusión que los ejércitos europeos tomaron prestadas a su vez de los jenízaros turcos. El tono de esta variación es el propio de un desfile de carnaval, un espectáculo burlesco, y su irrupción en este punto ha hecho que algunos críticos hayan dicho que los gruñidos del fagot y del bombo que acompañan el arranque de la *Marcia Turca* suenan como pedos... A partir de este momento, todo en la partitura parece ir al revés; la sencilla y solemne dignidad de la primera parte del movimiento no se llega a recuperar nunca; tras este episodio «turco», y claramente en forma de contramovimiento, como si se produjera una retirada hacia la más secreta religiosidad, la música

39. Sadam Husein. *(N. de la E.)*

evoluciona hacia algo parecido a la tradición coral (que algunos críticos han llegado a calificar de «fósil gregoriano»), pretendiendo representar la imagen etérea de millones de personas que se arrodillan, abrazados, y que, sobrecogidos de temor, miran hacia el cielo lejano, buscando al Dios paternal que suponen que habita encima de la bóveda de estrellas (*überm Sternenzelt muss ein lieber Vater wohnen*); curiosamente, sin embargo, es como si la melodía se atascara cuando suena la palabra *muss*, que primero viene evocada por los bajos, luego es repetida por los tenores y contraltos, y finalmente por los sopranos, como si esta forma de conjurarla repetidas veces fuese un intento desesperado de convencernos (a nosotros, y también de convencerse a sí mismo por parte de Beethoven) de algo que sabemos que no es verdad, con lo cual el verso «un padre amoroso debe habitar» se convierte en un acto de súplica desesperada, la visión de que al otro lado de la bóveda de estrellas no hay, en realidad, nada de nada, ningún padre amoroso que pueda protegernos ni garantizar nuestra capacidad de ser fraternales. Pero lo más extraño de todo el movimiento es la cadencia final, que no suena en absoluto a Beethoven, sino a una versión muy hinchada de la apoteosis final de *El rapto en el serrallo* de Mozart, ya que combina los elementos «turcos» con el rítmico espectáculo rococó. (Y no olvidemos la lección que nos brinda esta ópera de Mozart: la figura del déspota oriental se nos presenta en ella como la de un Amo verdaderamente iluminado). El finale del cuarto movimiento de la Novena resulta, por lo tanto, una curiosísima mezcla de orientalismo y regresión al clasicismo de finales del siglo XVIII, una retirada que nos aleja por partida doble del presente histórico, una admisión silenciosa del carácter puramente fantasmal de la Alegría que produce esa fraternidad universal. Si en alguna ocasión se ha escrito música capaz de «autodeconstruirse», aquí la tenemos. No es de extrañar que ya en 1826, dos años después de su primera interpretación, hubiese críticos que dijeran que la apoteosis final era «un festival de odio contra todo lo que pueda ser llamado alegría humana».

Entonces, ¿cuál es la solución? Hay que invertir por completo la perspectiva y entender que lo problemático está, de hecho, en la primera parte del cuarto movimiento: en realidad, las cosas no empiezan a torcerse sólo cuando se llega al compás 331, ese momento en el que arranca la *Marcia Turca*, sino que venían torcidas desde el primer instante. Deberíamos aceptar que el mismísimo «Himno de la Alegría» no es más que una insípida impostura, de modo que el caos que empieza en el compás 331 y que prosigue hasta el final, es un «retorno de lo reprimido», un *síntoma* de lo que ya estaba mal desde el instante mismo en que todo había comenzado. ¿Y si hemos domesticado en exceso este «Himno de la Alegría»? ¿Y si hemos cometido una enorme exageración al acostumbrarnos a entenderlo como un símbolo de fraternidad feliz? ¿Y si en realidad deberíamos enfrentarnos de nuevo a ese himno, para rechazar todo lo que tiene de falso?

¿Acaso no pasa eso mismo hoy con Europa? Tras invitar a que se abracen unos a otros a millones de seres humanos, desde los que ocupan las posiciones más elevadas hasta los que se encuentran en las más rastreras (los gusanos), la segunda estrofa dice algo bastante ominoso: «Y que quien no sea capaz de regocijarse, que abandone sollozando esta fraternidad» (*Und wer's nie gekonnt, der stehle weinend sich aus dem Bund*). Si resulta irónico que se esté utilizando el «Himno de la Alegría» de Beethoven como himno extraoficial de la UE es porque la causa de la crisis actual de la Unión es, justamente, Turquía: según la mayoría de las encuestas, la causa más importante de que en Holanda y Francia los votantes se inclinaran por el «no» en los referéndums fue la oposición de los ciudadanos de ambos países al ingreso de Turquía en la UE. Ese «no» se basó para una parte de los votantes en supuestos de tipo derechista-nacionalista («no» a la amenaza que Turquía supone para nuestra cultura; «no» al trabajo barato de los inmigrantes turcos), mientras que para la otra parte lo hizo sobre bases liberales y multiculturalistas («no» al ingreso de Turquía porque, por el modo en que ese país trata a los kurdos, muestra limitaciones en el respeto a los derechos humanos). En cuanto a la opinión contraria, el «sí», es tan falsa como ese final de Beethoven... Entonces, ¿deberíamos permitir el ingreso de Turquía, o es mejor que «abandone sollozando esta fraternidad (*Bund*)»? ¿Puede Europa sobrevivir a la «marcha turca»?

Al igual que en el finale de la Novena de Beethoven, ¿qué pasaría si el verdadero problema no fuese Turquía, sino que ese problema estuviera en la melodía básica, en la canción de la unidad europea tal como nos la interpreta desde Bruselas el coro de las élites pospolítico-pragmático-tecnocráticas? Lo que necesitamos es una melodía principal completamente nueva, una nueva definición de la propia Europa. El problema de Turquía, la perplejidad de la Unión Europea, que no sabe qué hacer con ella, no tiene que ver con la propia Turquía, sino que es un problema cuyo origen se encuentra en la confusión respecto a qué es Europa.

Si esto es así, ¿dónde nos encontramos ahora mismo? Europa está pillada entre las dos pinzas de unas grandes tenazas, con Estados Unidos a un lado y China en el otro. Estados Unidos y China, desde un punto de vista metafísico, son lo mismo: el mismo frenesí desesperado en favor de la tecnología desencadenada; la misma organización social sin arraigo en el hombre normal. Cuando el rincón más apartado del planeta haya sido conquistado técnicamente y pueda ser explotado económicamente; cuando cualquier incidente que elijamos, ocurrido en cualquier rincón del mundo y en cualquier momento, sea accesible de forma rapidísima; cuando por medio de la cobertura en directo de la televisión podamos «experimentar» de manera simultánea una batalla en el desierto iraquí y la representación de una ópera en Pekín; cuando, a través de una red global digitalizada, el tiempo no sea otra cosa que velocidad, instantaneidad y simultaneidad; cuando el ganador de un reality show se convierta en un gran héroe del pueblo, entonces, efectivamente, seguirá planeando por encima de todo este jaleo, como un espectro, la pregunta: ¿Para qué...? ¿Hacia dónde...? ¿Y después qué...?

Todos los que tienen un mínimo conocimiento de Heidegger habrán por supuesto reconocido en el párrafo anterior una paráfrasis irónica del diagnóstico de Europa realizado por el filósofo a mediados de los años treinta (*Einführung in die Metaphysik*). Existe, efectivamente, la necesidad entre nosotros, los europeos, de lo que Heidegger llamó *Auseinandersetzung* (confrontación interpretativa) con los otros, así como con el pasado de la propia Europa en toda su amplitud, desde sus raíces antiguas y judeocristianas hasta la recientemente fallecida idea del Estado de bienestar. Europa está hoy dividida entre el llamado modelo anglosajón —aceptar la «modernización», o sea, la adaptación a las reglas del nuevo orden mundial— y el modelo francoalemán —conservar hasta donde sea posible el Estado de bienestar de la «vieja Europa»—. Aunque opuestas, estas dos opciones son las dos caras de una misma moneda, y nuestra verdad no consiste ni en el regreso a ninguna forma idealizada del pasado (modelos agotados a estas alturas), ni en convencer a los europeos de que, para sobrevivir como potencia mundial, deberíamos acomodarnos a las tendencias recientes de la globalización. Tampoco consistiría en emprender cierta tarea (y ésta es, sin duda, la peor de las opciones posibles) para buscar una «síntesis creativa» entre las tradiciones europeas de globalización, con la idea de alcanzar algo que siento la tentación de calificar como de «globalización con rostro europeo».

Toda crisis trae consigo la insinuación de un nuevo comienzo; todos los fracasos de las medidas estratégicas y pragmáticas (las que buscan reorganizar financieramente la Unión, etcétera) son una bendición que se esconde tras el disfraz del desastre, una oportunidad para volver a pensarlo todo hasta los cimientos mismos. Lo que necesitamos es una recuperación-vía-repetición (*Wieder-Holung*): a través de una confrontación crítica con la totalidad de la tradición europea, lo que deberíamos hacer es repetir la pregunta «¿qué es Europa?» o, mejor aún, «¿qué significa para nosotros ser europeos?», para de esta manera formular un nuevo comienzo.

La tarea es difícil, nos fuerza a asumir el gran riesgo que supone caminar por territorio desconocido. Pero la única alternativa posible sería aceptar que Europa caiga en una lenta decadencia; que Europa se transforme gradualmente en lo que Grecia fue para el Imperio romano en su momento de madurez, un destino perfecto para el turismo cultural nostálgico, carente por completo de relevancia real.

En sus *Notas para la definición de una cultura*, aquel gran conservador que fue T.S. Eliot subrayó que hay momentos en los cuales sólo se puede elegir entre sectarismo e incredulidad, momentos en los que el único modo de mantener viva una religión consiste en provocar el surgimiento de una escisión sectarista que rompa el núcleo central de esa Iglesia. Tal es, hoy por hoy, la oportunidad que tenemos a nuestro alcance: sólo por medio de una «escisión sectaria» del legado estándar europeo, separándonos con un corte radical del cadáver en descomposición de la vieja Europa, podremos mantener vivo el legado en una Europa renovada.

10

GUERRA Y PAZ EN EUROPA: *BEI DEN SORGLOSEN**

Srećko Horvat

Non vi si pensa, quanto sangue costa.

No pensáis en cuánta sangre cuesta.

DANTE, *Paradiso XXIX*[40]

«El señor Godot me ha dicho que les diga que no vendrá esta noche, pero que seguramente vendrá mañana», dijo un muchacho en serbocroata en un tono cargado de vergüenza y arrepentimiento. Según la crónica de *The New York Times*, «no se oían más sonidos que los que llegaban desde la calle, el crujir metálico de un blindado de las Naciones Unidas, el estallido lejano de una granada de mortero». Era el año 1993. «El público permaneció conmocionado, en silencio. En el auditorio había médicos del hospital más importante de la ciudad, soldados que acababan de regresar del frente, funcionarios que tenían que hacer malabares para repartir raciones de comida a una población cada vez más hambrienta, personas que habían perdido a sus padres y hermanas e hijos, y un hombre en silla de ruedas, que había sido actor antes de la guerra, y

---

* «Con los despreocupados».
40. Dante, *La divina comedia*, Paraíso, Canto XXIX. *(N. de la E.)*

que perdió ambas piernas cuando una granada de mortero estalló el verano anterior justo delante de su casa». Esto ocurrió en Sarajevo. Cuando Susan Sontag decidió hacer un montaje de *Esperando a Godot* en esa ciudad, lo hizo con la intención de transmitir a Europa un mensaje muy claro. Apenas a una o dos horas de los principales aeropuertos europeos, muy cerca por tanto de Roma, Viena, Berlín y París, una ciudad estaba a punto de morir desangrada. Si *Esperando a Godot* era una obra de teatro capaz de conseguir lo que parecía casi imposible, escenificar un drama en el que no pasaba nada, y volvía a no pasar nada otra vez, el sitio de Sarajevo, el más largo de todas las guerras modernas, era una nueva demostración de que en Europa nunca pasa nada, nunca jamás. No era la primera vez en que, a sólo unas pocas horas de distancia del lugar donde ocurría una tragedia que afectaba sólo a quienes vivían allí, otros europeos podían vivir tranquila y cómodamente en las demás capitales del continente, sin detenerse ni un instante a pensar qué estaba ocurriendo fuera de la zona de paz donde ellos habitaban.

Estamos en 2013, y cientos de miles de personas se han congregado para escuchar el discurso inaugural del presidente Obama, que inicia su segundo mandato. Todo el mundo vive ese momento con enorme emoción; todos creen que se trata de un acontecimiento histórico. Obama dice: «Nosotros, el pueblo, seguimos creyendo que una seguridad y una paz duraderas no exigen una guerra perpetua... Demostraremos el valor necesario para tratar de resolver pacíficamente nuestras diferencias con otros países. Y no porque seamos ingenuos y no sepamos a qué clase de peligros nos enfrentamos, sino porque creemos que los compromisos permiten suspender de forma más prolongada tanto los recelos como los miedos... Y debemos ser fuente de esperanza para los pobres, los enfermos, los marginados, las víctimas de los prejuicios. No sólo porque queremos practicar la caridad, sino porque en nuestros tiempos la paz requiere que hagamos que progresen de forma incesante los principios de los que habla el credo que compartimos: tolerancia y oportunidades; dignidad humana y justicia». Al mismo tiempo, mientras el presidente al que se le había concedido el Premio Nobel de la Paz pronunciaba esta alocución, mientras el pueblo demostraba «el valor necesario para tratar de resolver pacíficamente nuestras diferencias con otros países», los vuelos de los drones estadounidenses lanzaban sus bombas en Yemen y Pakistán, Afganistán y Somalia. He aquí una lista, con el nombre y la edad, de niños que han muerto por los ataques de estos aviones no tripulados estadounidenses en Pakistán, según la relación elaborada por Drones Watch:

Noor Aziz | 8 |
Abdul Wasit | 17 |
Noor Syed | 8 |
Wajid Noor | 9 |
Syed Wali Shah | 7 |
Ayeesha | 3 |
Qari Alamzeb | 14 |
Shoaib | 8 |
Hayatullah KhaMohammad | 16 |
Tariq Aziz | 16 |
Sanaullah Jan | 17 |
Maezol Khan | 8 |
Nasir Khan | ? |
Naeem Khan | ? |
Naeemullah | ? |
Mohammad Tahir | 16 |
Azizul Wahab | 15 |
Fazal Wahab | 16 |
Ziauddin | 16 |
Mohammad Yunus | 16 |
Fazal Hakim | 19 |
Ilyas | 13 |
Sohail | 7 |
Asadullah | 9 |
Khalilullah | 9 |
Noor Mohammad | 8 |
Khalid | 12 |
Saifullah | 9 |

Mashooq Jan | 15 |
Nawab | 17 |
Sultanat Khan | 16 |
Ziaur Rahman | 13 |
Noor Mohammad | 15 |
Mohammad Yaas Khan | 16 |
Qari Alamzeb | 14 |
Ziaur Rahman | 17 |
Abdullah | 18 |
Ikramullah Zada | 17 |
Inayatur Rehman | 16 |
Shahbuddin | 15 |
Yahya Khan | 16 |
Rahatullah |17 |
Mohammad Salim | 11 |
Shahjehan | 15 |
Gul Sher Khan | 15 |
Bakht Muneer | 14 |
Numair | 14 |
Mashooq Khan | 16 |
Ihsanullah | 16 |
Luqman | 12 |
Jannatullah | 13 |
Ismail | 12 |
Taseel Khan | 18 |
Zaheeruddin | 16 |
Qari Ishaq | 19 |
Jamshed Khan | 14 |
Alam Nabi | 11 |
Qari Abdul Karim | 19 |
Rahmatullah | 14 |
Abdus Samad | 17 |
Siraj | 16 |
Saeedullah | 17 |
Abdul Waris | 16 |
Darvesh | 13 |

Ameer Said | 15 |
Shaukat | 14 |
Inayatur Rahman | 17 |
Salman | 12 |
Fazal Wahab | 18 |
Baacha Rahman | 13 |
Wali-ur-Rahman | 17 |
Iftikhar | 17 |
Inayatullah | 15 |
Mashooq Khan | 16 |
Ihsanullah | 16 |
Luqman | 12 |
Jannatullah | 13 |
Ismail | 12 |
Abdul Waris | 16 |
Darvesh | 13 |
Ameer Said | 15 |
Shaukat | 14 |
Inayatur Rahman | 17 |
Adnan | 16 |
Najibullah | 13 |
Naeemullah | 17 |
Hizbullah | 10 |
Kitab Gul | 12 |
Wilayat Khan | 11 |
Zabihullah | 16 |
Shehzad Gul | 11 |
Shabir | 15 |
Qari Sharifullah | 17 |
Shafiullah | 16 |
Nimatullah | 14 |
Shakirullah | 16 |
Talha | 8 |

No es la única lista de este tipo de muertes. Yo fui testigo de un caso ocurrido en el verano de 2012, durante la Primavera Árabe.

Fue en Túnez, en Ksibet El Mediouni, un pueblo de pescadores. Hace siglos, en este mismo lugar, los almorávides elevaban sus fortalezas costeras para hacer frente a los invasores cristianos en esta parte del mar magrebí. Actualmente, muchos emigrantes zarpan desde esta misma costa en busca de una vida mejor, con la intención de alcanzar la «Fortaleza Europa» tras haber desafiado al oleaje del Mediterráneo. Muchos de ellos mueren ahogados sin llegar a su destino, y los que lo alcanzan y consiguen así huir del infortunio que sufrían en sus lugares de origen, pasan con frecuencia a malvivir en los suburbios de París o de Roma, vendiendo souvenirs, trabajando en restaurantes o limpiando retretes, siempre bajo la amenaza de la deportación. Con la intención de advertir de la gravedad de este problema creciente, a comienzos de julio de 2012 una organización llamada Boats 4 People fletó un barco que zarpó en Palermo con destino a Túnez; iba repleto de activistas de Italia, Alemania, Francia, Níger, Malí y Túnez, y pretendía repetir esa ruta que con tanta frecuencia siguen los inmigrantes. Como consecuencia del conflicto armado en Libia, casi un millón de personas huyeron de ese país y buscaron refugio en Túnez, Egipto, Chad y Níger. La Unión Europea —que hacía la guerra en Libia con un propósito oficialmente humanitario, y que después participaría en la guerra en Malí— adoptó una política represiva cuando comenzó este fenómeno. Frontex, la agencia de control fronterizo de la UE, dejó muchas veces que se ahogaran los inmigrantes. Se supone que la guerra de Libia ya ha terminado, pero la guerra contra los inmigrantes continúa. En 2012, más de mil murieron en el Mediterráneo.

Nos encontrábamos precisamente en Ksibet El Mediouni, esperando la llegaba del barco. Había más de doscientas personas, entre ellas muchas viudas y madres cuyos maridos e hijos no iban a regresar jamás de la mítica Europa. En cierto momento, se dispuso a lo largo de los muelles una larguísima lista que documentaba las 16.175 muertes provocadas por la «Fortaleza Europa» desde el 1 de enero de 1993 hasta el 30 de mayo de 2012. Todas ellas con la fecha exacta, el nombre, el país de origen y la causa de la muerte. Aunque eran también muchísimos los fallecimientos en los que no se había podido incluir el nombre: NN, de Afganistán, murió ahogado cuando los contrabandistas de hombres le arrojaron al mar justo frente a la costa de Calabria; A. Hatungimana (uno de los fallecidos cuyo nombre es conocido), una mujer de Burundi, que se suicidó en Holanda porque temía que la deportaran junto con sus dos hijos; un inmigrante egipcio que falleció, víctima de hipotermia; un muchacho afgano que murió asfixiado dentro de un camión en el que viajaba escondido por miedo a ser localizado en las aduanas; un grupo de refugiados de Macedonia que se ahogaron en el Rin cuando trataban de cruzar a nado la frontera que separa Austria de Suiza; Nazmieh Charour, una mujer palestina de veinte años que se suicidó en una prisión de Berlín cuando le comunicaron que iba a ser deportada; un hombre procedente del Kurdistán, muerto de un disparo de bala delante de un campamento de refugiados en Dülmen... Durante los años noventa esta lista incluía también a muchas personas nacidas en Bosnia, Croacia y Serbia, y en los últimos tiempos aparece con frecuencia Kosovo.

Naturalmente, podríamos encontrar listas similares hoy en día para muchos lugares del mundo entero. Sin embargo, si queremos comprender cómo es posible que algunas personas vivan tranquilamente mientras que otras, al mismo tiempo, están muriendo muy cerca, hemos de ir a las páginas escritas por un autor que fue testigo de dos guerras mundiales, y que sin embargo no sobrevivió a la segunda porque se quitó la vida. Hablo, por supuesto, del austriaco Stefan Zweig. En su autobiografía, *El mundo de ayer. Memorias de un europeo*, habla de los principales acontecimientos históricos de la primera parte del siglo XX, y entre ellos destaca su detallada explicación de los motivos por los cuales Adolf Hitler consiguió llegar al poder. Pocos días antes de que estallara la Primera Guerra Mundial, Zweig descubrió una cosa que le pareció muy extraña. Transcurría el verano de 1914, que fue, dice Zweig, el verano más «veraniego» que era capaz de recordar, y describe la atmósfera de aquellos días. Estaba de vacaciones en Baden, cerca de Viena, el lugar de ambiente romántico preferido de Beethoven para pasar las vacaciones.

Ataviada con ropas claras de verano, alegre y despreocupada, la multitud se agitaba en el parque ante la banda de música. Hacía un tiempo espléndido; el cielo sin nubes se extendía sobre los grandes castaños y era un día para sentirse realmente feliz. Se acercaban las vacaciones para pequeños y mayores y, en aquella primera fiesta estival, los veraneantes, olvidando sus preocupaciones diarias, anticipaban en cierto modo la estación entera del aire radiante y el verdor intenso.[41]

Podríamos preguntarnos si hubiera sido factible que alguien supiera de antemano que el estudiante serbobosnio Gavrilo Princip iba a pegarle un tiro a Francisco Fernando en Sarajevo, precisamente durante aquellos días, y que luego iba a estallar la Primera Guerra Mundial. Lo que Zweig describió tan magníficamente bien, hablando de aquel mes de junio de 1914, se repitió al final de la guerra. El mejor retrato de esa «despreocupación» no la encontramos en la autobiografía de Zweig sino en uno de sus artículos, titulado *Bei den Sorglosen* («Con los despreocupados») y publicado en 1918 en *Neue Freie Presse*.[42] Cuenta la historia de su visita a los ciudadanos de *Sorglosen*, que disfrutan de una vida lujosa y al aire libre en los Alpes de St. Moritz: ríen y esquían, practican el polo y el hockey, bailan.

[Mientras] Europa se desmorona, aquí la orquesta de gitanos toca el violín, y mueren cada día diez mil personas. Termina la cena y empieza el baile de máscaras. Las viudas pasan frío en todos los hogares del mundo. Hace su aparición una marquesa con los hombros desnudos. Frente a ella, un chino enmascarado. La sala se puebla de máscaras. Son reales. Ninguna de ellas esconde un rostro humano. Brillan las luces de los candelabros. Se va animando el baile. Un compás dulce y tierno, y mientras, en algún lugar, los sub-

41. Stefan Zweig, *El mundo de ayer. Memorias de un europeo*, Acantilado, Barcelona, 2002.
42. Debo esta referencia a Klemens Renoldner, escritor y director del Stefan Zweig Zentrum.

marinos se sumergen en las profundidades y la infantería toma las trincheras.[43]

La gente de aquella escena de las memorias que hemos visto antes no solamente disfrutaba del verano porque no sabía aún que iba a producirse el asesinato de Sarajevo; era gente que sabía muy bien lo que hacía y que, pese a saberlo, lo hacían (se trata de la vieja fórmula de denegación fetichista utilizada por Octave Mannoni: *Je sais bien, mais quand même*[44]). Al terminar la Primera Guerra Mundial, Zweig llegó al convencimiento de que jamás volverían a producirse semejantes atrocidades. Pero el viejo patrón del «olvido» iba a repetirse. Justo antes de que comenzase la Segunda Guerra Mundial, Zweig observó:

> Mi casa de Salzburgo estaba tan próxima a la frontera que podía ver, a simple vista, la montaña de Berchtesgaden, donde se hallaba la residencia de Adolf Hitler. Sin duda, una vecindad tan desagradable como inquietante. En cualquier caso, esa misma cercanía a la frontera del Reich alemán me permitía también la posibilidad de juzgar, mejor que mis amigos de Viena, el peligro que corría Austria. La gente que frecuentaba los cafés vieneses, e incluso los altos funcionarios y ministros, creían que eso del nacionalsocialismo era una cosa que ocurría «al otro lado», y que no podía afectar en absoluto la situación austriaca.[45]

¿No es cierto que todo esto también nos recuerda a Sarajevo? Además, la principal paradoja no reside en el hecho de que desconozcamos lo que ocurre en un país vecino, sino que a menudo no sepamos tampoco qué está ocurriendo en nuestro propio país. También en Croacia se produjo un acontecimiento similar durante

---

43. Stefan Zweig, «Bei den Sorglosen», *Die schlaflose Welt. Essay 1909-1941*, S. Fischer Verlag, 4. Auflage, 2003, pp. 110-111.
44. Esta expresión da título a un texto de Mannoni cuya referencia aparece citada en el capítulo 12 de este mismo libro. *(N. de la E.)*
45. Stefan Zweig, «Bei den Sorglosen», *op. cit.*, pp. 427-428.

la guerra civil. No hace mucho que un documental croata para la televisión mostró el testimonio de un corresponsal de guerra que recordaba aquel verano, asimismo «más veraniego» que ninguno: la gente en Eslovenia se lo pasaba bien, se bañaba en las piscinas..., mientras él regresaba de Vukovar, donde la guerra ya había empezado. Tenemos, por un lado, a gente que todavía no tiene conciencia de lo que está ocurriendo, o que sabe alguna cosa pero todavía no es capaz de creer en lo que sabe. Por otro lado, alguien regresa del horror tras ver el baño de sangre, y lo que le pasa es que no da crédito a que los demás no se lo crean. Es como si se tratara de dos mundos paralelos que están muy cerca, que saben que el otro mundo existe. Con esas pequeñas interrupciones de lo Real.

En una entrevista publicada en julio de 1940 por *The New York Times Book Review*, justo dos años antes de su suicidio, Zweig, autor de la inolvidable historia de amor *Brief einer Unbekannten* (*Carta de una desconocida*), vincula este asunto de los mundos paralelos con la (im)posibilidad de la literatura:

> ¿Cómo pueden seguir reclamando nuestra atención los temas de siempre? Un hombre y una mujer se conocen, se enamoran, viven una historia de amor... Esto, antiguamente, constituía una historia. Pero ¿cómo podemos hoy en día soportar su banalidad, su insignificancia, sin que eso nos produzca mala conciencia?[46]

Se refería a las tragedias ocurridas en la Segunda Guerra Mundial, pero ¿acaso las frases que cito a continuación no podrían aplicarse perfectamente a los 16.175 inmigrantes que han muerto en las aguas del Mediterráneo?

> En cualquier barco, en cualquier agencia de viajes, en cualquier consulado, podemos escuchar aventuras y odiseas en boca de personas completamente insignificantes y anónimas, historias que no

---

46. Stefan Zweig, *Die Zukunft des Schreibens in einer Welt im Krieg* (*The New York Times Book Review*, 28 de julio de 1940), publicado en *Zweigheft*, 6 de mayo de 2012, Stefan Zweig Zentrum, Salzburgo, p. 17.

son menos peligrosas y emocionantes que las de Ulises. Si alguien publicara, sin cambiar una sola palabra, los testimonios/documentos de los refugiados [...] obtendríamos cientos de volúmenes de historias, más inquietantes e increíbles que las de Jack London y Maupassant.[47]

Podemos comprobar que a Zweig no le preocupa sólo que la vida «normal» prosiga tal cual en las capitales a las que la guerra aún no ha llegado, sino más bien ese antiguo interrogante —expresado posteriormente por Adorno cuando dijo casi un decenio más tarde que «escribir poesía después de Auschwitz es una barbarie»— que se pregunta cómo es posible que sigamos escribiendo novelas teniendo ante nosotros tanta fatalidad. Zweig llegó al extremo de aventurar una hipótesis arriesgada cuando afirmó que en los años posteriores toda literatura acabaría siendo de carácter documental. No podemos saber si hubiese cambiado de opinión, en caso de haber sobrevivido, pero en su *Dialéctica negativa* Adorno revisó su sentencia anterior al escribir que «el sufrimiento perenne tiene tanto derecho a expresarse como un hombre que está siendo torturado tiene derecho de ponerse a gritar».

De 1919 a 1933, momento en el que tuvo que huir a Londres, Zweig vivió en Salzburgo, en el barrio de la colina de Kapuzinerberg, es decir, en el mismo sitio en donde se suicidó otra figura trágica del siglo xx. En efecto, en 1978 Jean Améry se quitó la vida en el Salzburger Hotel Österreichischer Hof. Que hoy ese hotel se llame Hotel Sacher resulta trágicamente irónico: por un lado tenemos al «homo sacher», que según la definición de Agamben no es sólo la figura tradicional del derecho romano a quien se puede matar sin que por ello quien le mate sea considerado un asesino, sino también la mejor descripción de los judíos en el Holocausto. Améry, que sobrevivió a Auschwitz, Buchenwald y Bergen-Belsen. Por otro lado, tenemos al otro «homo sacher», las personas que se hospedan en este famoso hotel, que ni siquiera tienen idea de la pesada carga que recae sobre los hombros de quienes también merecen ese

47. *Ibíd*, pp. 9-10.

nombre. ¿Acaso todos nosotros no somos prueba viviente de la existencia de otros especímenes de este «homo sacher»; nosotros, los que disfrutamos sin que nadie nos moleste de esta Europa actual sin fronteras y sin guerra, mientras siguen existiendo las fronteras y las guerras en lugares lejanos, en Pakistán o en Malí, en el Mediterráneo, en los campos de refugiados, incluso en la periferia de nuestras ciudades? ¿No podría decirse de nosotros que somos *die Sorglosen*, los despreocupados que hablamos de la Europa unida a pesar de que sigue habiendo cada día en nuestros países una guerra (política, social, económica), como la guerra que libran los inmigrantes que mueren ahogados en nuestras playas; como esa otra guerra que libran quienes sobreviven en los peores rincones de nuestras ciudades, en esos países de la periferia como Grecia y Portugal, donde más del 50 % de los jóvenes no tienen empleo; como aquella otra guerra que libran las tropas europeas en Libia y en Malí; o la guerra que se vive en la isla dividida de Chipre?

Y así llegamos, de manera inevitable, a un libro publicado hace poco por Robert Menasse: *Der Europäische Landbote*. Este autor austriaco se fue a Bruselas con la idea de escribir una novela sobre la capital de la Unión Europea, pero no volvió a casa con una obra de ficción, sino con un manifiesto sobre una Europa democrática y transnacional. Éste es el párrafo inicial del libro:

> Si en un mapa de Europa marcásemos en negro todas las fronteras políticas que han existido a lo largo de la historia, obtendríamos un retículo negro tan tupido que el resultado sería, prácticamente, una Europa pintada de negro. Sobre esta superficie negra, ¿qué línea negra podríamos considerar a simple vista como una frontera natural? Si sobre este mismo mapa trazáramos una línea roja allí donde ha habido en Europa contendientes en guerra, lugares que han sido campos de batalla y frentes, el retículo de las fronteras desaparecería completamente bajo una superficie de color rojo.[48]

48. Robert Menasse, *Der Europäische Landbote*, Paul Zsolnay Verlag, Viena, 2012, p. 7.

Dicho de otro modo, nos encontramos ante la clásica reelaboración de la herencia europea: un proyecto cuya principal finalidad es la preservación de la paz. Menasse comparte las posiciones de Habermas: lo que hace falta es una Europa democrática transnacional. El problema es que ninguno de los dos percibe la vinculación que enlaza el camino económico por el que marcha Europa hoy, y las consecuencias que ese camino trae consigo. Para detectar cuál es el verdadero problema deberíamos transformar ese párrafo de Menasse y convertirlo en algo así:

> Si cogemos una pluma con tinta negra y trazamos con ella, sobre un mapa de Europa, la señal de todas las medidas de austeridad, terapias de choque y ajustes estructurales que han sido aplicados en el continente durante los últimos veinte años, desde la caída del Muro de Berlín, al final la superficie del mapa estará tan ennegrecida por la multitud de trazos que podríamos decir que todo el continente está pintado de negro. De todas esas líneas negras que hemos trazado en el mapa, ¿hay alguna que merezca ser considerada como una medida natural? Si luego tomamos una pluma con tinta roja y con ella marcamos todos los empleos que se han perdido, toda la degradación humana que se ha producido y todas las protestas que han surgido en Europa durante los dos últimos años, el retículo de las medidas de austeridad desaparecerá debajo de una masa homogénea de color rojo.

¿Y esto qué significa? La respuesta es sencilla, y eso es lo que hemos tratado de demostrar en cada una de nuestras intervenciones a lo largo del libro: el camino neoliberal que sigue la Unión Europea, con sus medidas de austeridad y sus ajustes estructurales, nos está conduciendo a una guerra civil permanente, no sólo más allá de las fronteras europeas, en lugares donde «nuestros» soldados combaten para conseguir «más democracia», sino también dentro de la misma Unión Europea, desde Grecia hasta España, desde Eslovenia hasta Croacia. *Non vi si pensa...*

11

SALVADNOS DE NUESTROS SALVADORES. EUROPA Y LOS GRIEGOS

Slavoj Žižek

Imaginemos una escena de una película distópica que mostrase cómo podría ser nuestra sociedad en un futuro próximo. Unos guardias uniformados patrullan de noche las calles semidesiertas de una ciudad. Van a la caza de inmigrantes, delincuentes, vagabundos. Tratan con brutalidad sin límites a cuantos logran atrapar. Pues bien, lo que podría parecer el producto de la fantasía de Hollywood es, hoy, una realidad en Grecia. Por la noche, los vigilantes de ciertas milicias urbanas, con sus camisas negras, miembros de Aurora Dorada, el movimiento neofascista y negador del Holocausto —un movimiento que, por cierto, obtuvo en las últimas elecciones griegas un 7 % de los votos, y que, según he oído decir, obtuvo entre los miembros de la policía ateniense el apoyo de un 50 % de sus agentes—, hacen rondas por las calles de la capital griega y golpean con palos y otros objetos contundentes a todos los inmigrantes que pillan por ahí: afganos, pakistaníes, argelinos... Así se defiende Europa en la primavera de 2012.

Lo malo que tiene el andar defendiendo la civilización europea frente a la amenaza de los inmigrantes es que la ferocidad de esa defensa resulta una amenaza mayor contra la «civilización» que la llegada de los inmigrantes, por muchos que sean. Con defensores y amigos de esa calaña, Europa no necesita enemigos. Hace cien años, G.K. Chesterton articuló el punto muerto en el que se acaban encontrando aquellos que critican la religión: «Los que comienzan combatiendo la Iglesia en nombre de la libertad y la humanidad, acaban desembarazándose de la libertad y la humanidad para mejor luchar contra la Iglesia... Los laicos no han destrozado cosas divinas; sino que han acabado destrozando cosas laicas, y dudo que eso les sirva de consuelo». Muchos de los que combaten en defensa del liberalismo sienten unos deseos tan irrefrenables de combatir el fundamentalismo antidemocrático que a veces se olvidan de la libertad y la democracia para, de este modo, luchar mejor contra el terrorismo. Si los «terroristas» están dispuestos a destruir este mundo por amor a otra clase de mundo, nuestros combatientes empeñados en la lucha contra del terrorismo están dispuestos a destruir la democracia por puro odio hacia el otro musulmán. Algunos de ellos sienten tanto amor por la dignidad humana que, por defenderla, estarán dispuestos a legalizar la tortura. Es una inversión de ese otro proceso mediante el cual los más fanáticos defensores de la religión empiezan atacando la cultura secular contemporánea y terminan sacrificando sus propias credenciales religiosas en su afán desmedido por erradicar aquellos aspectos del laicismo que tanto odian.

Pero esos defensores de Grecia que se dedican a combatir la inmigración no son el principal peligro, son un simple subproducto de la verdadera amenaza: la política de austeridad que ha llevado a Grecia a su actual situación desesperada. Cuando escribo estas líneas se anuncian las próximas elecciones parlamentarias en este país. Serán el 17 de junio de 2012. El establishment europeo nos advierte de lo cruciales que serán esas elecciones: está en juego no solamente el futuro de Grecia sino también el de toda Europa. Un resultado posible —la victoria de la derecha, el que según ellos es el resultado deseable— permitiría que continuase el doloroso pero necesario proceso de recuperación a base de recortes; la alternativa —es decir, la victoria del partido de «extrema izquierda», Syriza— equivale, según ese punto de vista, a votar a favor del caos, y supondría el fin del mundo (europeo) tal como lo conocemos.

Los profetas de la hecatombe aciertan, pero no lo hacen en el sentido que ellos creen. Quienes criticaban la organización del sistema democrático tal y como estaba establecido hasta hace poco tiempo se quejaban de que los comicios no permitían una elección auténtica entre opuestos, ya que lo único que podíamos hacer era elegir entre el centroderecha y el centroizquierda, cuyos programas eran prácticamente iguales. El 17 de junio de 2012, en cambio, sí habrá una posibilidad real de elección: el establishment (Nueva Democracia y Pasok) por un lado, y Syriza por el otro. Por eso, como ocurre siempre que se plantea una posibilidad como ésta, el establishment siente un ataque de miedo: si se eligiese a quien no hay que elegir, argumentan, el resultado sería el caos, la pobreza y la violencia. Cuentan que la sola posibilidad de que se produzca la victoria electoral de Syriza ha provocado una oleada de pánico en los mercados globales. La prosopopeya ideológica triunfa en nuestros días. Los mercados hablan como si fueran personas, y expresan su «preocupación» ante lo que podría ocurrir si el resultado de las elecciones supusiera la conformación de un Gobierno que no estuviese dispuesto a continuar implementando el programa de austeridad fiscal y reformas estructurales impuesto por la presión conjunta UE-FMI. A los ciudadanos griegos no se les pasa por la cabeza andar preocupándose por este posible problema; bastante tienen con preocuparse por su vida cotidiana, cuyo empeoramiento está provocando niveles de miseria como no se habían visto en Europa desde hace decenios.

Esta clase de predicciones son profecías que se autocumplen, provocan miedo y por eso logran que ocurra aquello que pretenden evitar con su alarma. Si gana Syriza, el establishment europeo espera que los demás aprendamos por la vía dura lo que pasa cuando se produce un intento de frenar el círculo vicioso de la complicidad mutua entre los tecnócratas de Bruselas y el populismo contrario a la inmigración. Por eso el líder de Syriza, Alexis Tsipras, señaló en una entrevista que, si su partido ganara, lo primero que haría es luchar contra el pánico: «La gente tendrá que dominar el miedo. Y no sucumbirán, ni permitiremos que les chantajeen». Syriza se enfrenta a una tarea casi imposible. La suya no es la voz de la «locura» de la extrema izquierda, sino que habla desde la razón frente a la locura de la ideología del mercado. Mostrando que el partido está preparado para aceptar el reto de tomar el poder, ha conseguido hacer que la gente olvide el miedo a que la izquierda tome el poder; y ha mostrado asimismo su predisposición a limpiar el desastre que otros han creado. Syriza tendrá que ejercer una impresionante combinación de principios y pragmatismo, compromiso democrático y disposición a actuar de forma rápida y decisiva cuando haga falta. Para que este partido pueda concebir la posibilidad de alcanzar cierto éxito en su proyecto, necesitará que se produzca un despliegue paneuropeo de solidaridad: no sólo que todos y cada uno de los demás países europeos le traten de forma honesta, sino también que surjan ideas creativas como, por ejemplo, la promoción del turismo solidario cada verano.

En sus *Notas para la definición de una cultura*, T.S. Eliot subrayó que hay momentos en los cuales no hay más elección que la herejía o la incredulidad; es decir, momentos en los que, para mantener viva una religión no hay más remedio que llevar a cabo una escisión sectaria. Tal es la postura que mantiene hoy en día Europa.

Sólo una nueva «herejía» —y eso es lo que ahora representa Syriza— puede salvar lo que merece la pena ser salvado de la herencia europea: la democracia, la confianza en el pueblo, la solidaridad igualitaria, etcétera. Si Syriza queda marginada y alejada del poder, la Europa con la que acabaremos encontrándonos es una «Europa con valores asiáticos», lo cual, por supuesto, no tiene nada que ver con Asia, sino que guarda relación únicamente con la actual tendencia del capitalismo, que pretende dejar la democracia en suspenso.

Tal es la paradoja sobre la que se sostiene la «libre elección política» en las sociedades democráticas: los ciudadanos son libres de elegir, a condición de que elijan correctamente. Por eso, cuando eligen lo que no es correcto (como ocurrió con Irlanda al rechazar la Constitución europea), esa elección es tachada de error, y de inmediato el establishment exige que se repita el proceso «democrático», para que de esta manera se pueda rectificar esa equivocación. Cuando Yorgos Papandreu, a la sazón primer ministro griego, propuso celebrar un referéndum sobre el plan de rescate que la eurozona había preparado para Grecia, las instancias europeas lo rechazaron, tachándolo de falsa opción.

En los medios encontramos dos relatos básicos acerca de la crisis griega: el relato germano-europeo (los griegos son irresponsables, perezosos, derrochadores, evasores fiscales, etcétera, y hay que someterles a controles y enseñarles a la fuerza disciplina fiscal); y el relato griego (nuestra soberanía nacional está amenazada por la tecnocracia neoliberal impuesta por Bruselas). Cuando ya no fue posible seguir ignorando la gravísima situación a la que estaba siendo sometido el pueblo griego, apareció un tercer relato: los griegos comenzaron a ser presentados al mundo como víctimas de una crisis humanitaria, seres que necesitan ayuda, igual que si el país hubiera sido azotado por una guerra o una catástrofe natural. Los tres relatos son claramente falsos, pero el tercero es el que resulta más repugnante. Los griegos no son víctimas pasivas: están en guerra contra el establishment económico europeo, y lo que necesitan es solidaridad en su lucha, porque su lucha es también la nuestra.

Grecia no es una excepción. Es uno de los principales territorios donde se está poniendo a prueba un nuevo modelo sicoeconómico que podría ser potencialmente aplicado de manera universal: una tecnocracia despolitizada en la que los banqueros y otros expertos actúan con permiso para demoler la democracia. Si salvamos a Grecia de los que se llaman a sí mismos sus salvadores, salvaremos también a la propia Europa.

12

«Yo no soy racista, pero...». ¡Que vienen los negros!

Srećko Horvat

A primeros de febrero de 2013, el diario *Jutarnji list* volvió a demostrar que es uno de los principales fabricantes de periodismo incendiario en Croacia. Tras estallar el conflicto en torno al hotel del barrio de Dugave (Zagreb), que fue reconvertido en residencia para refugiados, los periodistas de ese diario publicaron una «investigación» que apareció bajo el título de «No somos racistas, pero la situación es incómoda. Esa gente anda por ahí todo el día sin nada que hacer y mirando a nuestras chicas». El asunto comenzó cuando el hotel del barrio, propiedad hasta entonces de los Ferrocarriles Croatas, fue entregado al Ministerio del Interior y convertido en una residencia de asilo para refugiados. Nadie mejor que los vecinos para describir los denominados incidentes. Uno de ellos decía:

> De haber sabido que algún día iban a instalar en esta zona una residencia para refugiados, me habría comprado el piso en cualquier otro sitio... Yo no soy racista, pero me inquieta ver a grupos de negros paseando por ahí sin nada que hacer y mirando a nuestras chicas.[49]

49. Davor Butorac, «Nisam rasist, ali nije ugodno...», *Jutarnji list*, 7 de febrero de 2013.

Otro vecino del barrio decía por su parte:

> Hasta hace no mucho este barrio estaba muy bien. Nadie nos
> avisó de que iban a convertir ese edificio en una «comunidad de re-
> fugiados africanos». De repente, comenzó a aparecer gente de ésa,
> de razas y costumbres raras. Como le decía, yo no juzgo a la gente
> por el color de su piel, pero cuando aparece toda esa gente que vie-
> ne directamente de África para vivir en una capital europea, la ver-
> dad, se les nota a la legua. Llevan ropa tradicional africana, hablan
> idiomas incomprensibles, rondan por las calles de nuestro barrio,
> incluso después de la medianoche, hablan entre ellos a gritos. Como
> si estuvieran en la selva. Hay uno que chilla sin parar. Tiene una
> voz que suena como una sirena, ¡es espantoso! Y luego supimos
> que habían convertido el Hotel Porin en un centro para los que pi-
> den asilo político.

Y una tercera fuente explicó en esencia cuál era el problema:

> Este verano, esos negros altísimos vinieron a robar fruta de los
> árboles. Desde luego, algunos son gente decente, y hasta piden per-
> miso. Pero otros no. Y de repente, en mitad de la noche, empeza-
> mos a oír ramas partidas, bajamos a ver qué pasaba, y les pillamos
> saltando la verja del jardín. Y son enormes, algunos de esos tíos
> miden dos metros de alto.

Este último testigo añadió: «Yo no soy racista». Y dijo que siempre había soñado con la idea de viajar a África, que él consideraba
la cuna de la civilización.

¿Qué tienen en común todas estas palabras? En cada una de las
declaraciones podemos identificar la forma de la denegación fetichista descrita por el psicoanalista francés Octave Mannoni mediante la fórmula: *Je sais bien, mais quand même.*[50] El fetichismo
consiste en la proyección de los deseos y las fantasías de un sujeto

---

50. Octave Mannoni, «Je sais bien, mais quand même...», *Clefs pour l'ima-
ginaire ou l'Autre Scène*, Editions du Seuil, París, 1968, pp. 9-33.

en otro objeto o en una parte del cuerpo (por ejemplo, el fetichismo de los zapatos); se trata de una estratagema mediante la cual el
sujeto evita enfrentarse al complejo de castración. Incluso el propio Freud argumentó que el fetichista es capaz de creer en su fantasía y, al mismo tiempo, reconocer que no es más que una fantasía.
El problema, sin embargo, radica en que este reconocimiento de la
fantasía como tal no reduce en absoluto el poder que ejerce sobre
el individuo. Mannoni da dos ejemplos que explican muy bien este
fenómeno. El primero procede de la práctica psicanalítica de
Freud, y el otro de la suya propia. En cierta ocasión Freud tuvo un
paciente al cual una echadora de cartas le dijo que su yerno iba a
morir aquel mismo verano víctima de un envenenamiento. Pasado
el verano, el paciente visitó a Freud y reconoció: «Ya sé que mi
yerno no ha muerto, pero la profecía era realmente graciosa». Veamos otro ejemplo: se produjo una llamada de teléfono dirigida a
Mannoni; sin embargo, no fue atendida por él sino por otra persona, y ésta confundió el nombre de quien llamó con el de un poeta
amigo de Mannoni, cuya visita el psicoanalista esperaba. Mannoni
le pidió a quien había atendido la llamada que le dijera (a su amigo
poeta) que adelantara la hora de la visita, para de este modo poder
tomar una copa juntos antes de la cena. Al cabo de un rato, llamó
a la puerta alguien que no era el poeta, sino un paciente. Tras un
breve silencio, el paciente, encantado con la situación, reconoció:
«Es cierto, entendí perfectamente que usted bromeaba al invitarme
a tomar esa copa antes de la cena, pero me encantó oírselo decir...». Y, de forma inmediata, añadió: «... Sobre todo porque mi
esposa creyó que usted lo decía en serio». Mannoni vincula esta
historia con lo que dice Freud en un texto sobre la telepatía: lo que
el chamán es capaz de adivinar de forma correcta es el deseo inconsciente o, en este caso que nos ocupa, el deseo consciente. En la
historia de Mannoni y su paciente, éste comprendió que se había
producido una confusión, y por lo tanto habría tenido que abandonar la fantasía de que el psicoanalista le había pedido realmente
a él que fuese a tomar una copa antes de la cena, pero su esposa le
facilitó las cosas porque le permitó vivir a través de ella su propia
fantasía. En cierto sentido, el paciente había sido en efecto invita-

do, al menos desde el punto de vista de su esposa, aunque él «supiera muy bien» que no era así.

Y ahora podemos regresar a los vecinos de Dugave. Aunque ninguno de ellos creyera ser racista, la utilización que hacen de la estructura de la denegación fetichista («lo sé perfectamente, pero...») muestra con claridad que sí lo son. De la misma manera que el paciente de Freud experimentó en cierto sentido la muerte deseada de su yerno, y de la misma manera que el paciente de Mannoni reconoció el error de la llamada telefónica pero eso no le impidió disfrutar viendo que su esposa creía que la invitación era real, también nuestros racistas de ese barrio del Nuevo Zagreb, al denegar que eran racistas, demuestran lo vivo que está su racismo. Esa frase que dice «no soy racista, pero...» (... pero hay negros rondando por la calle, que miran a nuestras hijas, que nos roban la fruta, que visten de forma rara, etcétera) revela que —sean o no merecedores de que les llamen racistas— son personas que están muy preocupadas por esa gente «rara» que tiene costumbres «raras». Para demostrar la presencia del racismo podemos hacer un experimento. Supongamos por un instante que todas esas frases se han dicho de antiguos vecinos de ese barrio, y apliquemos esos comentarios a esos vecinos: «Rondan por las calles, nos roban la fruta, son altísimos», etcétera. Dicho de otro modo, ¿acaso esos nuevos vecinos, los «negros», no hacen exactamente lo mismo que hace cualquier croata medio? (aunque, eso sí, los croatas no roban...). Tomemos otro supuesto que debo a un refugiado político en concreto, un hombre procedente de Nigeria, y que residía en ese centro de asilo. Comentando la «investigación» publicada por ese diario y las frases citadas de los residentes, recordó su propia experiencia de las numerosas veces en las que había ido a las escuelas locales para ayudar a educar a los niños y explicarles quiénes eran todos esos refugiados y, asimismo, cuáles eran sus peculiares culturas. Al parecer era muy frecuente que los niños de la escuela elemental se le acercaran y le tocaran la piel y el cabello, de forma ingenua, por simple curiosidad, pues era la primera vez que veían a un negro. Añadió que eso mismo era lo que había ocurrido en Dugave: los inmigrantes se quedaban mirando a las chicas porque no hay rubias en Nigeria ni tampoco en Afganistán, así de sencillo. El hecho de que anduvieran «rondando por las calles» también resultaba fácil de explicar, puesto que ninguno de los refugiados había conseguido empleo desde su llegada a Croacia (lo cual sirve para invalidar otro argumento contra ellos: «nos van a robar nuestros empleos...»), y porque van siempre juntos debido a una triste verdad, a saber: que nadie les ha dado clases de croata, pese a tener derecho a ello según la legislación vigente, con lo cual resulta imposible que se integren en el barrio.

Este episodio explica claramente de qué manera estas «investigaciones» y escándalos inventados no hacen más que fomentar el odio y el racismo. Sin ningún contacto con el Otro, las probabilidades de que haya comprensión y conocimiento mutuo se reducen todavía más. Del mismo modo, si el Ministerio del Interior croata recibió, entre 1997 y junio de 2011, unas dos mil solicitudes de asilo político, y concedió ese derecho a sólo cuarenta y dos personas, no es de extrañar que los vecinos del barrio de Dugave no sepan siquiera quiénes son estos refugiados, ni si proceden de Afganistán, Pakistán o Palestina, que no se enteren de si han pedido asilo para divertirse «rondando las calles», «mirando a las chicas» o si lo han hecho huyendo de lugares en los que, por culpa de la guerra, la vida es insostenible. En 2012, sólo en Croacia hubo 1.193 solicitudes de asilo, lo que representa un aumento del 50 % en relación con el año anterior. El principal incremento se produce entre personas que han huido de Somalia; es decir, de un país azotado durante más de dos decenios por una sangrienta guerra civil, un lugar que puede jactarse de ser «el país más peligroso del mundo». Una vez que Croacia se haya integrado en la UE, estas cifras no harán más que aumentar y, por desgracia, eso traerá consigo más casos de denegación fetichista del racismo, pero también supondrá la aparición de manifestaciones declaradamente racistas, como la que ha expresado la diputada croata en el Parlamento Europeo, Ruža Tomašić, quien dijo que no había sitio en Croacia para los extranjeros. Antes eran los serbios, y ahora son los negros. La situación creada en Grecia por Aurora Dorada ya no es algo que se anuncie para un futuro próximo, sino un presente que irá creciendo en intensidad

y apoyos porque se incrementará el número de quienes aceptan sus
ideales políticos y sus actos violentos contra los inmigrantes. Antes
de que se publicara la denominada «investigación» del *Jutarnji list*,
la empresa Fade In produjo en 2012 un documental pedagógico titulado «Ser diferente. Identidad, prejuicio, violencia».[51] Podemos
escuchar en él a gente que expresa los prejuicios racistas corrientes,
pero también señales preocupantes de racismo descarnado. Durante las entrevistas acerca de la presencia de sus «vecinos inmigrantes» en el barrio de Dugave, donde hablan madres, padres, alumnos de institutos, e incluso una abuela, se pueden oír palabras
como: «negros», «morenos», «llevan chancletas hasta en invierno», «no son como nosotros», «vienen atraídos por la belleza de
nuestras hijas», «piden limosna y roban», «no sé para qué habrán
venido, seguro que para conseguir trabajo, y lo van a encontrar
antes de que usted o yo lo consigamos», «habría que deportarles
amablemente a los lugares de donde vinieron», «no tengo ni idea
de dónde habría que meterlos, Jasenovac (un campo de concentración de la Segunda Guerra Mundial) ya no funciona, así que no sé a
dónde deberían llevárselos»... Aquí ya no se trata de una mera denegación fetichista («yo no soy racista, pero...»), sino de mensajes
abiertamente racistas que no suponen sólo un ultraje dirigido al
Otro, pues contienen incluso «propuestas» de soluciones tales
como la deportación o los campos de concentración.

Otro acontecimiento extraño, esta vez ocurrido en Italia, revela
hasta qué punto los inmigrantes son «diferentes» de nosotros, de
la denominada cultura «propia». En febrero de 2009, el Gobierno de Silvio Berlusconi decidió dar su apoyo a la campaña en contra de la comida «antiitaliana», que trataba de convencer a los italianos de que consumieran más cocina local. La campaña había
comenzado en Lucca, en donde el gobierno municipal llegó al extremo de prohibir, dentro de la zona rodeada por las antiguas murallas de la ciudad, los comercios donde se vendieran alimentos
«extranjeros». De forma casi simultánea, Milán aprobó una norma similar, a fin de «preservar las especialidades locales ante la

---

51. Puede verse en: <http://vimeo.com/56909912>.

creciente influencia de las numerosas cocinas étnicas». Este «racismo culinario» —al igual que cualquier otra forma de racismo— pasa por alto una circunstancia: lo muy problemático que resultaría definir qué es una «auténtica cocina italiana». De hecho, y según explica el famoso chef Vittorio Castellani, la mayor parte de la cocina italiana es de importación. La salsa de tomate es un regalo procedente de Perú e importado en el siglo XVIII. Incluso los spaghetti fueron traídos de China, probablemente durante los viajes de Marco Polo. Y, sin embargo, a pesar de esas contradicciones, el «racismo culinario» no es una anomalía, un exceso infrecuente, sino que hay que verlo como parte de una tendencia general hacia la xenofobia y la incesante y creciente discriminación dirigidas contra los inmigrantes. Esta campaña ya supone un fuerte golpe contra la forma de vida misma de muchos inmigrantes que venden «su» comida, una comida que, por cierto, se había popularizado en gran medida por ser mucho más barata: solamente en Milán hay cerca de setecientos restaurantes étnicos.

La campaña en contra de la comida no italiana, así como la creciente animosidad hacia los inmigrantes que se refleja en un mayor control policial en las calles italianas, o en las patrullas nocturnas integradas por civiles en Trieste, tienen su origen en la llamada «ley Bossi-Fini» de 2002. Se basa en el principio según el cual hay que vincular la entrada de cualquier persona en el país a la posesión de un contrato de trabajo, y a la idea de que el final del periodo de contrato laboral debería llevar consigo el final del visado. Esa ley allanó el camino hacia el actual Estado-policía que reduce la inmigración legal a la de los jornaleros estacionales. Los debates parlamentarios sobre la ley Bossi-Fini nos recuerdan a una terminología muy similar a la empleada cuando en 1939 se aprobaron las leyes de restricción de la movilidad durante el fascismo. Las leyes actuales son explotadas a fondo por la gran industria italiana. Los empresarios pueden ahora chantajear literalmente a su mano de obra inmigrante, ya que depende de la empresa que se prolongue o no la vigencia del visado. Otro problema adicional de la ley Bossi-Fini es que se basa, en su esencia misma, en una contradicción relativa a las relaciones entre legalidad y contrato, lo cual provoca una situación pérfida que recuerda a la novela *Trampa 22*: por un lado, el inmigrante no puede tener contrato si carece de estatus legal y, por otro, no puede conseguir su estatus legal si no tiene contrato. En semejante contexto, no es de extrañar que en Italia no haya más que ocho mil inmigrantes sin papeles, frente a los cuarenta y cincuenta mil de Francia y Alemania, respectivamente. A pesar de lo cual, el Gobierno de Berlusconi se dedicó a fomentar el pánico a base de sacar el ejército a las calles, poner en marcha las patrullas civiles nocturnas, prohibir los restaurantes y tiendas de comida étnicos, utilizando lo que Arjun Appadurai llama «el miedo de los pequeños números». Es decir, se trata de hacer creer a la gente que «el modo de vida italiano» está amenazado (con ideas como que son los inmigrantes los que violan a nuestras mujeres; los que destruyen la «auténtica» comida italiana; los que nos roban los empleos, etcétera).

Paralelamente a esta «política del miedo» van incrementándose los poderes de control asumidos por el Estado, y también lo que Étienne Balibar denomina «racismo institucional».[52] ¿Podría resultar que «racismo» sea una palabra demasiado fuerte? Balibar argumenta que el racismo tiene una historia clara en dos o tres formas diferentes: antisemitismo, colonialismo y racismo contra los negros en Estados Unidos. Hay un «racismo interno» (dirigido contra una minoría; o a veces contra una mayoría, por ejemplo en Sudáfrica). Y también hay un «racismo externo» (dirigido hacia pueblos colonizados). Pero para Balibar, el racismo y el nacionalismo no son la misma cosa, puesto que la construcción de la idea de la «raza» trasciende los límites del Estado nación. De este modo el racismo es una especie de universalismo: se basa en la naturaleza universal de la especie humana, en el sentido de que los «extranjeros» (los inmigrantes) no son en realidad personas: si están ahogándose en el mar, y alguien que pertenece a «nuestro pueblo» trata de salvarlos, hay que castigarlos.

Es lo que ocurre con frecuencia en Italia. En el verano de 2009, una embarcación en la que viajaban ochenta inmigrantes estuvo

---

52. Étienne Balibar, *Nous, citoyens d'Europe: Les Frontières, l'Etat, le peuple*, La Découverte, París, 2011.

flotando entre Lampedusa y Libia durante casi veinte días, sin que aparentemente nadie se enterase. La policía italiana de fronteras rescató a cinco inmigrantes africanos, y los otros setenta y cinco murieron porque se habían quedado sin alimentos ni agua. Como manifestó Laura Boldrini, miembro de ACNUR: «Todos los barcos que se cruzaban con esa embarcación, y que negaron el auxilio a quienes iban a bordo, violaron las leyes marítimas internacionales». Sin embargo, cualquier capitán de barco que, al verlos en aquella situación, hubiese pensando prestarles auxilio se habría encontrado ante un dilema: si no los salvaba, violaba las leyes marítimas internacionales (además de dejar por los suelos su propia integridad moral), mientras que si decidía salvarlos, iba a tener problemas cuando llegase a puerto con su barco cargado de inmigrantes ilegales. En septiembre de 2007, siete pescadores tunecinos tuvieron que comparecer ante un tribunal en Sicilia por haber rescatado a cuarenta y cuatro inmigrantes africanos que corrían el riesgo de morir ahogados en el mar. El fiscal pidió para los pescadores una pena de hasta quince años de cárcel por haber «prestado ayuda a inmigrantes ilegales». Los pescadores echaron el ancla una noche a unas treinta millas de la isla de Lampedusa, y se fueron a dormir. Al cabo de unas horas se despertaron al oír los gritos procedentes de una patera atestada de hombres y también de muchas mujeres y niños, todos ellos medio muertos de hambre y sed. El patrón del pesquero decidió llevarlos al puerto más próximo, en la isla de Lampedusa, y allí fueron detenidos todos los tripulantes del barco. A diferencia de ellos, otros pescadores que se han encontrado en una situación similar optaron por empujar a los inmigrantes por encima de la borda, golpearlos con bicheros hasta hacerles caer al mar, donde murieron ahogados. Estamos ante una imagen fiel de lo que está ocurriendo hoy en día: los que ayudan a la gente que está en peligro de muerte son condenados, mientras que los que envían a esa misma gente a una muerte segura se libran de cualquier acusación.

¿Suena todo esto a una situación distópica que no tiene nada que ver con Croacia? En julio de 2012, por primera vez en la historia croata reciente, ocurrió algo similar, aunque con un final distinto. En aguas situadas al sur de la isla de Mljet fue avistada una embarcación sin piloto a bordo de la cual viajaban sesenta y cinco inmigrantes asiáticos y africanos. Habían zarpado rumbo a Grecia pero, debido a un fallo en los motores, la embarcación llevaba dos días a la deriva. Los inmigrantes habían partido de Somalia, Egipto, Siria y Afganistán, y querían tomar tierra en la costa de Italia. Fueron conducidos finalmente al puerto de Dubrovnik, y allí recibieron ayuda médica. Lo que demuestra este caso es, por un lado, la rapidez con la que actuó la guardia costera croata, pero también que las autoridades croatas no están en absoluto preparadas para hacer frente a estas situaciones, puesto que no han creado ningún centro de recepción y auxilio en Dubrovnik: en Croacia, la cuestión de los inmigrantes ha sido oficialmente escondida debajo de la alfombra. Es, de hecho, el país de la Unión Europea que tiene una frontera más extensa con países que no son miembros de la UE; un poco más extensa que la frontera de Finlandia con Rusia (1.340 km) y que la de Grecia con Turquía (1.248 km). Gran parte de esta frontera de Croacia limita con Bosnia-Herzegovina, con Serbia y con Montenegro. Frente a lo que ocurre en Italia, que está combatiendo de forma exitosa e incluso violenta las oleadas de inmigrantes, las aguas croatas podrían convertirse fácilmente en una nueva ruta para quienes tratan de llegar a territorio de la UE.

Lo que está ocurriendo rebela de nuevo la hipocresía de la Unión Europea. Cuando la revolución estalló en Túnez en 2011, la primera reacción del Gobierno italiano consistió en enviar un número adicional de buques de guerra a las costas de Lampedusa a fin de impedir la llegada de nuevas oleadas de inmigrantes. Después de que estallara la guerra civil en Libia (una guerra que empezó en parte gracias a la ayuda de Francia), el primer ministro francés, François Fillon, anunció al cabo de un tiempo que Francia había liberado Bengasi, y envió dos aviones cargados con ayuda médica. A primera vista, se trata de un bello acto de solidaridad. Pero ¿qué explicación dio Fillon para ese gesto? Dijo que se trataba de una de las medidas adoptadas para frenar la oleada de inmigrantes que amenaza a los países mediterráneos. Debido al conflicto que se desarrollaba en Libia, casi un millón de personas se refugió en Túnez, Egipto, Chad y Níger. Mientras, la Unión Europea, que se supone que combatía en Libia y otros países africanos en defensa de los «derechos humanos», adoptó medidas represivas a través de las acciones de Frontex, la agencia comunitaria de control fronterizo, que se dedicó a interceptar los barcos cargados de inmigrantes y a menudo dejó que sus ocupantes se ahogaran en el mar. Supuestamente la guerra civil libia ha terminado, pero la guerra contra la inmigración continúa. Desde entonces, un promedio de 1.500 inmigrantes muere cada año en aguas del Mediterráneo.

Hasta hoy era Eslovenia el país encargado de «regular» el paso de inmigrantes procedentes de los países vecinos (y de la totalidad de los Balcanes) por sus fronteras, que eran la frontera de la UE en la zona; pero parece que ahora Croacia se convertirá de nuevo en la *antemurale europae*, al igual que antiguamente desempeñó el papel de *antemurale christianitatis*, título que le fue conferido por el papa León X en 1519 para celebrar su combate contra los turcos. Antes de su ingreso en la UE, Croacia aprobó un visado de entrada para ciudadanos turcos, de acuerdo con la normativa europea, lo cual hizo que Turquía estableciera una reglamentación equivalente en justa reciprocidad, aprobando asimismo la norma de los visados para ciudadanos croatas. Ahora bien, como ocurre en los casos de Rumanía y Bulgaria, no deberíamos olvidar que el ingreso en la UE no equivale a formar parte del espacio de Schengen. Lo cual ha sido confirmado ni más ni menos que por Durão Barroso en una entrevista concedida a finales de 2012 al *Frankfurter Allgemeine Zeitung*, y que el rotativo alemán tituló: «Necesitamos más Europa». Junto a la entrevista, el diario alemán publicó un suelto, casi invisible, donde informaba de que «Rumanía no ha sido incluida todavía en el espacio de Schengen». Dicho de otro modo, mientras que los vecinos de Dugave gritan «¡que vienen los negros!», los residentes en la UE ya están atemorizados y exclaman «¡que vienen los croatas!». Es lógico. Cada vez que llegan a una metrópolis europea personas procedentes de Croacia se les nota a la legua. Visten con ropa tradicional croata, hablan una lengua prácticamente incomprensible, rondan por las calles sin nada que hacer y hablan entre sí a gritos, como si estuvieran en la selva...

13
¡SAQUEADORES DE TIENDAS, UNÍOS!
Slavoj Žižek

La repetición, según Hegel, desempeña un papel crucial en la historia: cuando un acontecimiento ocurre una sola vez, podemos descartarlo pensando que es un accidente, algo que habría podido evitarse si se hubiera manejado la situación de otra manera; pero cuando el mismo acontecimiento se repite, tenemos una indicación de que empieza a desplegarse un proceso histórico de cierta profundidad. Cuando Napoleón fue derrotado en Leipzig en el año 1813, pudo parecer que era mala suerte; cuando volvió a ser derrotado en Waterloo, se hizo evidente que su periodo de dominio había concluido. Lo mismo puede decirse de la prolongada crisis financiera actual. En septiembre de 2008, hubo algunos que la presentaron como una especie de anomalía que podía ser corregida mediante nuevas regulaciones, etcétera; pero ahora que se vuelven a observar signos de que se aproxima una nueva debacle financiera comienza a quedar claro que nos enfrentamos a un fenómeno estructural.

Nos dicen, hasta la saciedad, que estamos pasando por una crisis de la deuda, y que todos tenemos que compartir la carga y apretarnos el cinturón. Bueno, todos menos los (muy) ricos. La mera idea de aplicarles más impuestos es tabú. Si se hiciera eso, dice la argumentación corriente, los ricos no tendrían estímulos para invertir, se crearían menos empleos y todos sufriríamos las consecuencias. La única forma de que nos salvemos de los malos tiempos sería que los pobres se hicieran más pobres; y los ricos, más ricos. ¿Qué pueden, entonces, hacer los pobres? ¿Pueden en realidad hacer algo?

Si bien el motivo específico por el cual hubo disturbios en Gran Bretaña fue el sospechoso abatimiento a tiros de Mark Duggan, todo el mundo estuvo de acuerdo en que esos disturbios respondían a un malestar más profundo. Pero ¿qué tipo de malestar? Como pasó con la quema de coches en las *banlieues* de París en el año 2005, tampoco los participantes británicos en las revueltas transmitían ningún mensaje específico. (En claro contraste con las manifestaciones masivas de estudiantes ocurridas en Gran Bretaña en noviembre de 2010, que también desembocaron en violencia, en las que los estudiantes expresaron claramente que se oponían a la reforma de la educación superior propuesta por el Gobierno de Cameron). Debido a este motivo resulta difícil entender, en términos marxistas, a los participantes en los disturbios británicos, que podrían verse como un ejemplo del surgimiento de un sujeto revolucionario; sin embargo, encajan mucho mejor en la noción hegeliana de «turba»: los que están fuera del espacio social organizado, es decir, quienes pueden expresar su descontento mediante estallidos «irracionales» de violencia destructiva, lo que asimismo Hegel llamaba «negatividad abstracta».

Se cuenta una vieja historia acerca de un obrero sospechoso de robar en su empresa: cada noche, cuando sale de la fábrica, el vigilante inspecciona meticulosamente el contenido de la carretilla que el obrero empuja, pero no encuentra nada. La carretilla está siempre vacía. Al final, los vigilantes caen en la cuenta: lo que ese obrero roba son las carretillas; no eran capaces de ver la verdad evidente, igual que les ha ocurrido a los que trataban de analizar esos disturbios. Nos dicen que la desintegración de los regímenes comunistas a comienzos de los años noventa señaló el final de la ideología. Nos aseguran que la época de los proyectos ideológicos a gran escala que culminaron con la catástrofe de los totalitarismos ya ha terminado. Y que hemos entrado en una nueva era de política racional y pragmática. Si se puede decir que en algún sentido hay algo de verdad en ese lugar común que afirma que vivimos en una era postideológica, lo podemos comprobar en esta reciente erupción de violencia. Fue el grado cero de la protesta: una acción violenta que no pedía nada. Tratando a la desesperada de encontrarle algún significado a los disturbios, los sociólogos y los editorialistas se sintieron ofuscados por el enigma que esos mismos disturbios representaban.

Los participantes en las protestas, por mucho que fuesen individuos marginados y *de facto* socialmente excluidos, no vivían al borde de la hambruna. Ha habido muchos casos de personas que se encontraban en situaciones materiales muchísimo más graves, y en condiciones de opresión física e ideológica mucho más extremadas, que han sido capaces de autoorganizarse y crear fuerzas políticas dotadas de programas muy claros. Por lo tanto, el hecho mismo de que los manifestantes no tuvieran programa es algo que necesita ser interpretado: nos dice mucho acerca del drama que padecen estas personas y de la clase de sociedad en la que vivimos, una sociedad que celebra la libertad de elección, pero en la cual no hay otra alternativa frente al consenso democrático forzoso que no sea un ciego *acting out*. La oposición al sistema ya no se puede articular en forma de alternativa realista, ni tampoco como proyecto utópico, sino que sólo puede adoptar la forma de un estallido completamente desprovisto de sentido. ¿De qué sirve nuestra aclamada libertad de elección cuando lo único que se puede elegir es o bien jugar siguiendo las reglas, o bien practicar la violencia (auto)destructiva?

Alain Badiou argumentó que vivimos en un espacio social que experimentamos cada vez más como un «sin mundo», y en un espacio así, la protesta sólo puede adoptar una forma: la de la violencia sin sentido. Tal vez sea éste uno de los principales peligros a los que el capitalismo se enfrenta, pues aunque en virtud de su globalidad abarca al mundo entero, sostiene una constelación ideológica «sin mundo» en la que la gente vive desprovista de las formas usuales que permiten encontrar un significado. La lección fundamental de la globalización es que el capitalismo es capaz de encontrar acomodo en todas las civilizaciones, desde la cristiana hasta la hindú o la budista, desde Occidente hasta Oriente: no existe ninguna «visión del mundo», ninguna «civilización capitalista» propiamente dicha. La dimensión global del capitalismo representa la verdad sin significado.

En consecuencia, la primera conclusión que hay que sacar de los disturbios es que las reacciones habidas, tanto la reacción de la derecha como la de los progresistas, resultan inadecuadas. La reacción de la derecha británica fue la previsible: no hay justificación para ese vandalismo; hay que utilizar todos los medios necesarios para restaurar el orden; para evitar nuevos estallidos de este tipo no hace falta más tolerancia ni más ayuda social, sino más disciplina, más trabajo duro, más sentido de la responsabilidad. El error en el que incurre este relato es que no sólo ignora la situación social desesperada que empuja a los jóvenes hacia estos estallidos de violencia, sino otra cosa que tal vez sea incluso más importante: ignora que estos estallidos son un eco de las premisas ocultas de la propia ideología conservadora. Cuando, en los años noventa, el Partido Conservador británico lanzó su campaña «Back to Basics» («Regreso a las esencias»), Norman Tebbit[53] reveló cuál era el obsceno complemento de esa idea: «El ser humano no es sólo un animal social sino también un animal territorial; y en nuestro programa no debe faltar la idea de satisfacer esos instintos básicos que habitan en el tribalismo y la territorialidad». De esto trataba en realidad la campaña «Back to Basics»: de dar rienda suelta a la barbarie que se esconde debajo de nuestra sociedad aparentemente civilizada y burguesa, mediante la satisfacción de los «instintos básicos» del bárbaro. En los años sesenta, Herbert Marcuse introdujo el concepto de «desublimación represiva» para explicar la «revolución sexual»: los impulsos humanos podían ser desublimados, se podía permitir que se les concediera rienda suelta, sin por ello dejar de mantenerlos sometidos al control capitalista, a saber, mediante la industria del porno. En las calles británicas, lo que vimos durante los disturbios no fueron hombres reducidos al estatus de «bestias», sino la forma desnuda de la «bestia» que produce la ideología capitalista.

53. Exministro, actualmente miembro de la Cámara de los Lores, adscrito al Partido Conservador. *(N. del T.)*

Por su parte, y de manera igualmente predecible, los progresistas se aferraron a su mantra y hablaron de la necesidad de crear programas sociales e iniciativas de integración, que al irse cancelando han dejado a los inmigrantes de segunda y tercera generación sin ningún futuro social ni económico: según este relato, los estallidos de violencia callejera son el único medio que encuentran estos jóvenes a la hora de articular su insatisfacción. En lugar de lanzarnos a proyectar nuestras fantasías de venganza contra ellos, lo que tendríamos que hacer es esforzarnos por comprender las causas profundas de estos estallidos. ¿Acaso somos capaces de imaginar siquiera lo que supone ser un joven de un barrio pobre, en una zona multirracial conflictiva, siendo sospechoso *a priori* para la policía, que te hostiga sin cesar, sabiendo que no sólo no tienes trabajo sino que no lo vas a tener y, encima, sin esperanza alguna de un futuro mejor? De todo lo anterior se deduce que las condiciones en las que se encuentra esa gente hacen que resulte inevitable que acaben tomando la calle por la fuerza. Pues bien, el problema de este relato es que parte sólo de una lista de condiciones causales objetivas para explicar unos disturbios, y por lo tanto olvida que participar en ellos equivale a lanzar una afirmación subjetiva: declarar implícitamente qué siente uno como individuo ante las condiciones objetivas en las que vive.

Vivimos en tiempos dominados por el cinismo, y resulta fácil imaginar que uno de esos jóvenes, atrapado cuando está saqueando y prendiendo fuego a una tienda, al ser preguntado sobre los motivos de su actuación responda con el lenguaje que emplean los trabajadores sociales y los sociólogos, aludiendo a la escasa mobilidad social, la creciente inseguridad, la desintegración de la autoridad paterna, la falta de amor materno que padeció en la primera infancia... Sería posible que supiera, por tanto, lo que hace; pero ocurre que, a pesar de ello, lo sigue haciendo.

Carece de sentido elucubrar acerca de cuál de estas dos reacciones, la de derechas o la progresista, es la peor; tal como hubiera dicho Stalin, *las dos* son las peores, y este calificativo también incluye esa advertencia lanzada por unos y otros respecto a que el peor peligro provocado por estos estallidos de violencia radica en la previsible reacción de la «mayoría silenciosa». Una de las formas que adoptó esta última reacción fue la actividad «tribal» que enseguida organizaron las comunidades de los barrios afectados (turcos, caribeños, sijs) para proteger sus propiedades: sus propias unidades de patrullas extraoficiales. La pregunta que hay que hacerse ahora es la siguiente: ¿debemos considerar a los tenderos como una pequeña burguesía que defiende sus propiedades ante una protesta genuina, por violenta que sea, contra el sistema? ¿O son en realidad representantes de la clase obrera que se enfrentan a las fuerzas que buscan la desintegración social? También en este punto debemos rechazar cualquier intento de obligarnos a tomar partido por una de esas dos posibilidades. La verdad es que se trataba de un conflicto entre dos polos de los desamparados: los que han conseguido funcionar dentro del sistema enfrentándose a los que se sienten tan frustrados que ya no tienen ganas de seguir intentándolo. La violencia de los manifestantes iba dirigida casi exclusivamente en contra de los suyos. Los coches quemados y las tiendas saqueadas no estaban en barrios de ricos, sino en el mismo barrio de los alborotadores. No es un conflicto entre partes diferentes de una misma sociedad; en su forma más radical, es un conflicto entre la sociedad y la sociedad, entre los que lo pueden perder todo y los que no tienen nada que perder. Entre los que carecen de toda conexión con su propia sociedad, y los que apuestan por ella.

Según Zygmunt Bauman, los disturbios fueron llevados a cabo por «consumidores defectuosos e inhabilitados»: por encima de todo, se trataba de una manifestación del deseo consumista que se expresaba de forma violenta al carecer de cualquier posibilidad de expresarse de la forma «correcta», es decir, comprando. En este sentido los disturbios contenían también un momento de protesta auténtica, en forma de respuesta irónica a la ideología consumista: «Nos pedís que consumamos y al mismo tiempo nos habéis privado de los medios para que lo hagamos de la manera adecuada. ¡Por eso estamos aquí, consumiendo de la única manera que tenemos a nuestro alcance!». Los disturbios son una demostración de la fuerza material de la ideología, así que tal vez ya estamos viendo lo que ocurre con la llegada de la «sociedad postideológica». Desde un punto de vista revolucionario, la cuestión que plantean los disturbios no radica en la violencia por sí misma, sino en el hecho de que sea una violencia que no muestre una auténtica autoafirmación como tal. Rabia y desesperación impotentes que se escoden bajo el disfraz de una exhibición de la violencia; se trata, en definitiva, de envidia disfrazada de carnaval triunfante.

Habría que situar los disturbios en relación con otro tipo de violencia que la mayoría progresista percibe actualmente como una amenaza contra nuestro modo de vida: los ataques terroristas y las bombas colocadas por suicidas. En ambos casos, la violencia y la contraviolencia quedan atrapadas en un círculo vicioso en el que cada una de ellas genera las fuerzas que trata de combatir. También en ambos casos nos enfrentamos con *passages à l'acte* ciegos, en los que la violencia es un reconocimiento implícito de la impotencia. La diferencia radica en que, frente a los disturbios de París o Londres, los ataques terroristas se cometen al servicio del Significado absoluto proporcionado por la religión.

Ahora bien, ¿acaso los levantamientos árabes no fueron un acto colectivo de resistencia que evitaba la falsa alternativa que opone la violencia autodestructiva y el fundamentalismo religioso? Por desgracia, el verano egipcio de 2011 será recordado como el punto final de una revolución, el momento en que quedó sofocado su potencial emancipatorio. Quienes han cavado su tumba son el ejército y los islamistas. Los contornos del pacto entre el ejército (de Mubarak) y los islamistas (que fueron marginados en los primeros meses del levantamiento, pero que luego ganaron mucho terreno) son cada vez más claros: los islamistas tolerarán los privilegios materiales del ejército y, a cambio, obtendrán garantías para su hegemonía ideológica. Los perdedores serán, por un lado, los liberales prooccidentales, cuya debilidad no ha podido remediarse pese a la financiación que reciben de la CIA «para que promuevan la democracia» y, por otro, la izquierda secular emergente, que ha tratado de establecer una red de organizaciones sociales dentro de la propia sociedad civil, desde el sindicalismo hasta el feminismo. La situación económica, que está empeorando rápidamente en Egipto, hará que tarde o temprano los pobres, que en su mayoría no participaron en las protestas de la primavera, acaben saliendo a las calles. Es probable que se produzca un nuevo estallido, y la pregunta más difícil de responder para los sujetos políticos egipcios es la siguiente: ¿quién logrará reconducir la ira de los pobres? ¿Quién la traducirá en un programa político?, ¿lo hará la nueva izquierda secular o lo harán los islamistas?

La reacción predominante de la opinión pública occidental ante el pacto inicial entre los islamistas y el ejército será sin duda una manifestación triunfalista de cinismo: nos dirán, como ocurrió en el caso de Irán (un país no árabe), que los levantamientos populares en países árabes terminan siempre en un islamismo militarizado. Parecerá que Mubarak fue un mal mucho menor: mejor aferrarse al mal conocido que andar jugando con ideas de emancipación. Frente a esta clase de cinismo, deberíamos permanecer incondicionalmente fieles al núcleo radical-emancipatorio del levantamiento egipcio.

Pero habría que evitar las tentaciones del narcisismo de la causa perdida: resulta muy fácil admirar la sublime belleza de unos levantamientos que están destinados a fracasar. La izquierda de nuestros días se enfrenta al problema de la «negación determinada»: ¿qué nuevo orden debería reemplazar al antiguo después del levantamiento, una vez que se apaga el extraordinario entusiasmo del primer momento? En este contexto, el manifiesto que «los indignados»[54] hicieron público en España tras las acampadas de mayo resulta revelador. Lo primero que llama la atención es su tono marcadamente apolítico:

> Unos nos consideramos más progresistas, otros más conservadores. Unos creyentes, otros no. Unos tenemos ideologías bien definidas, otros nos consideramos apolíticos... Pero todos estamos preocupados e indignados por el panorama político, económico y social que vemos a nuestro alrededor. Por la corrupción de los políticos, empresarios, banqueros... Por la indefensión del ciudadano de a pie. Esta situación nos hace daño a todos cada día.

54. En español en el original. *(N. del T.)*

Protestan en nombre de «unos derechos básicos que deberían estar cubiertos en nuestras sociedades: derecho a la vivienda, al trabajo, a la cultura, a la salud, a la educación, a la participación política, al libre desarrollo personal y al consumo de los bienes necesarios para una vida sana y feliz». Rechazan la violencia y anhelan «una revolución ética. Hemos puesto el dinero por encima del ser humano y debería estar a nuestro servicio. Somos personas, no productos del mercado. No soy sólo lo que compro, por qué lo compro y a quién se lo compro». ¿Quiénes serán los agentes de la revolución? Los indignados desdeñan a toda la clase política, de derechas e izquierdas, por corrupta y controlada por el deseo de poder, y sin embargo el manifiesto contiene una serie de peticiones que van dirigidas a... ¿a quién? No al pueblo del que ellos mismos forman parte. Los indignados no dicen (aún) que nadie hará eso por ellos, que ellos han de ser el cambio que quieren conseguir. Y ésta es la debilidad fatal de las protestas recientes: expresan una ira auténtica que no es capaz de transformarse en un programa positivo de cambio sociopolítico. Expresan un espíritu de revuelta sin revolución.

La situación griega parece más prometedora, debido probablemente a la tradición reciente de autoorganización progresista (que en España desapareció tras la caída del franquismo). Pero incluso en Grecia, los movimientos de protesta muestran los límites de dicha autoorganización: un espacio de libertad igualitaria sin una autoridad central capaz de regularla, un espacio público en el que se otorga a todos el mismo tiempo para hablar, etcétera. Cuando los manifestantes comenzaron a debatir sobre qué hacer a continuación, cómo avanzar más allá de la simple protesta, el consenso mayoritario fue que no hacía falta un partido nuevo o un intento directo de tomar el poder estatal, sino un movimiento cuyo objetivo debía ser el de presionar a los partidos políticos. Lo cual no es desde luego suficiente para imponer una reorganización de la sociedad. Para ello sería necesario contar con un cuerpo social lo suficientemente poderoso como para tomar decisiones rápidas e implementarlas con toda la dureza necesaria.

14

¿ACASO LOS MERCADOS TIENEN SENTIMIENTOS?

Srećko Horvat

El año 1936, en su grandioso libro *Teoría general de la ocupación, el interés y el dinero*, Keynes se refirió a uno de esos concursos periodísticos en los que los participantes han de elegir a las seis mujeres más bellas de un total de cien fotografías. El ganador es el concursante cuyo sexteto elegido se aproxime más a la serie de mujeres que mejor resultado haya obtenido sumando los votos de todos los concursantes. De tal manera que cada concursante no debe escoger los rostros que él considere más bonitos, sino los que crea que serán más del agrado de los demás concursantes, los cuales considerarán el asunto desde el mismo punto de vista. No se trata de seleccionar a aquellas mujeres que, según el criterio propio, sean las más bellas, ni siquiera las que efectivamente lo son de acuerdo con la opinión general, sino que lo que nos interesa es una tercera opción en la que nuestra mente trata de anticipar lo que la opinión media del concursante medio espera que sea la opinión media.

El truco que permitiría ganar el concurso no consiste en elegir a las seis mujeres que creemos que son las más bellas, sino en tratar de adivinar qué va a pensar el concursante medio respecto a la belleza de esas cien mujeres. Según Keynes, este proceso es muy parecido a lo que ocurre en la bolsa. No gana el inversor que realiza la mayor inversión, sino aquel que entiende la psicología de las masas, es decir, la de los otros inversores en bolsa. Dicho de otro modo, el precio de un valor en bolsa no viene determinado por su valor fundamental, sino por la opinión que tienen otros acerca del valor de esas acciones.

Durante los setenta años transcurridos desde que Keynes propuso este experimento, el capitalismo ha atravesado diversas fases, y en la actual se encuentra dominado totalmente por la llamada *financierización*. En pocas palabras: tenemos una economía que no sólo se basa únicamente en el sector financiero, sino que dicho sector financiero está ligado de manera indisoluble al lenguaje. Christian Marazzi, economista suizo, muestra que el lenguaje es ahora esencial para el funcionamiento (y para la crisis) del capitalismo en nuestros días, y que la denominada *financierización* funciona sólo a través de la comunicación; por su parte, el filósofo italiano Franco Berardi («Bifo») ha acuñado el término «semiocapitalismo» para designar un modo de producción en el cual la acumulación de capital se consigue principalmente mediante la producción y acumulación de caracteres (de ahí lo de «semio»), que a su vez acaban produciendo valor. Basta con que nos fijemos en cualquiera de esas películas de brokers que han sido producidas en los últimos tiempos, desde *Wall Street* —que se ha convertido en un film de culto— hasta *Margin Call*, para comprobar que la compra y la venta de valores depende básicamente de los rumores, de la especulación y de la reputación, y que sin intercambio comunicativo no hay acumulación. Tomemos el ejemplo de Grecia. Aunque en términos esenciales no ha cambiado nada, salvo el partido que ahora ocupa el poder (Nueva Democracia) y que ha aceptado los préstamos internacionales, después de las elecciones de 2012 volvimos a escuchar historias acerca de las «respuestas positivas en las bolsas», y «los resultados más deseados del mercado». Cosas similares ocurren cuando termina cada una de las cumbres europeas. Hoy por hoy los mercados empiezan a parecerse a los seres humanos: tienen «expectativas», son capaces de «ver» y sobre todo de «reaccionar»... a partir exclusivamente de las palabras.

Si el escándalo bancario del verano de 2012 (conocido como LIBOR, *London InterBank Offered Rate*) sirvió para enseñarnos una lección, no es la de que sepamos que los bancos hicieron trampas tremendas a la hora de fijar las tasas de interés a las que se prestaban dinero los unos a los otros; ni tampoco consiste en el hecho de que el escándalo pusiera al descubierto que los bancos manipulan la información sobre los negocios y los *ratings* crediticios; y que además del banco británico Barclays, existen otros como el UBS, Citigroup, Deutsche Bank, HSBC y JP Morgan Chase que también están metidos hasta el cuello en toda esa historia. Todo eso ya lo sabíamos. Por eso, la verdadera noticia que LIBOR desvela es otra, y la resume muy bien un artículo publicado por *The Wall Street Journal*, bajo un título muy revelador: «Libor y la destrucción de la confianza». En efecto, además de todas esas características mencionadas, el mercado financiero se basa en la «confianza». La tesis principal del texto es que existe una gran necesidad de regresar a la economía «real». El problema consiste, sin embargo, en la inexistencia de los sectores «real» y «ficticio», y no hay mejor prueba de ello que el caso LIBOR; no sólo porque los mercados, ahora, han «perdido confianza», sino porque los préstamos interbancarios LIBOR determinan el modo en el cual los bancos aprueban o no a los solicitantes de préstamos, de manera que este escándalo tiene muchísimo que ver con la «vida real», ya que afecta a los créditos hipotecarios, los préstamos para la compra de coches, etcétera. LIBOR es mucho más importante de lo que uno podría pensar a primera vista, más importante incluso, tal vez, que la confirmación de la existencia de la partícula Higgs-boson, una noticia que inundó la prensa, accidentalmente o no, en la misma época.

Pero hay un ejemplo que ilustra todavía mejor que el experimento de Keynes la actual fase de semiocapitalismo. Me refiero a aquella vieja película en la que Peter Sellers interpretó el mejor papel de toda su carrera. Se titulaba *Being There* (*Bienvenido Mr. Chance*, Hal Ashby, 1979) y en ella Sellers interpreta el papel de un jardinero incapaz de leer y escribir. Cuando fallecen las personas que tenían contratados sus servicios, no le queda otro remedio que salir de la casa donde ha vivido y entrar en la «vida real». Una vez en la calle, es atropellado por el coche de una mujer muy rica.

Creyendo que Sellers es un astuto hombre de negocios, la mujer se lo lleva a la residencia donde habita con su esposo, un hombre mucho mayor, y muy rico. Durante la cena, el millonario pregunta a Sellers: «¿Cuáles son sus planes, señor Gardener?»,[55] a lo cual el jardinero responde con honradez: «Me gustaría trabajar en el jardín». Su interlocutor, convencido de que la respuesta ha de ser interpretada metafóricamente, llega a la conclusión de que las palabras de Sellers significan que ningún auténtico hombre de negocios trabajaría jamás con semillas que no fueran muy productivas. Por azar, Sellers se encuentra más tarde con el presidente de Estados Unidos, y también en su diálogo con el más alto mandatario del país la insistencia de Sellers en la jardinería acaba siendo entendida como una ingeniosa metáfora acerca del funcionamiento de la economía. «En el jardín, hay una estación específica para el crecimiento. Primero viene la primavera, seguida del verano. Pero luego llegan el otoño y el invierno. Y después vuelven a venir la primavera y el verano». Y en este punto exactamente nos encontramos ahora. La actual fase del capitalismo financiero ha abolido por completo la distinción entre «ficción» y «realidad», entre jardinería y negocios, y el precio lo pagamos en nuestras vidas, que son muy reales.

Aquí comprobamos la validez de la respuesta que da Humpty Dumpty cuando Alicia le pregunta: «Cómo conseguir que las palabras signifiquen tantas cosas diferentes», y él responde: «La cuestión es quién es el amo. Y eso es todo». Parafraseando esa respuesta podríamos decir que el capitalismo financiero funciona poniendo la autoridad por encima del significado; y así, el valor se crea mediante la especulación, la reputación, e incluso mediante los rumores. Las recientes elecciones griegas son la mejor prueba de que la pregunta que hay que hacer es: «¿Quién es el Amo?». Cuando Grecia consiguió clasificarse para los cuartos de final en la última Eurocopa, y le correspondió enfrentarse a Alemania, se contaba un chiste: «¿Ya les ha dicho Angela Merkel a los griegos

---

55. *Gardener* significa «jardinero»; es decir, el millonario confunde el oficio con el apellido. *(N. del T.)*

cuántos goles pueden marcar?». Las elecciones griegas confirmaron que muy a menudo se dicen verdades en broma. El fin de semana antes de que se celebraran, la edición alemana del *Financial Times*, que de esta forma creó un precedente tanto en la prensa alemana como en la internacional, publicó un texto en griego bajo el título «Hacer frente a la demagogia», en el cual se advertía a los electores griegos de que no debían votar por Syriza, el partido de izquierdas. De esta manera Angela Merkel decía a los griegos que no votaran por quienes no iban a cumplir con los acuerdos suscritos con Bruselas, y reconocía que las medidas de austeridad impuestas a Grecia deberían servir como ejemplo para toda Europa. El ministro alemán de Economía, Wolfgang Schäuble, también aconsejó a los griegos y les dijo por quién debían votar. Y añadió que, si bien lamentaba el sufrimiento que padecía el hombre corriente, no veía alternativas a la política de «apretarse el cinturón». Durão Barroso mandó también un mensaje a los votantes griegos. Lo hizo con mucha anticipación, en mayo, cuando declaró con firmeza que «no hay alternativa a las medidas de austeridad». George Osborne, por su parte, advirtió de «las gravísimas consecuencias que tendría para Grecia abandonar la eurozona». Niall Ferguson, el historiador británico, llegó al extremo de comparar la situación griega con la crisis de los misiles de Cuba.

El día después de las elecciones, la prensa proclamaba enfervorecida en sus titulares: «Se evitó el desastre», «Se ha salvado Europa», «El mundo respira aliviado». Y anunciaba abiertamente que se estaban produciendo «respuestas positivas en las bolsas de todo el mundo», afirmando que era «el resultado que todos los mercados esperaban». Al mismo tiempo, en la cumbre del G20 celebrada en México, Mario Monti, en aquel entonces primer ministro italiano, se felicitó por la victoria de Nueva Democracia, y añadió que «nos permite imaginar un futuro más optimista para Europa y el euro». Sin la menor duda, tanto esos titulares como el mensaje de Monti muestran con claridad a quién le interesaba la formación de un nuevo Gobierno proeuropeo en Grecia. Inmediatamente después de conocerse el resultado electoral, el euro alcanzó su cotización más alta de aquel mes, y las repercusiones en la subida de la bolsa se notaron incluso en Asia y Estados Unidos. La batalla no la ganaron Europa ni Grecia. La ganaron los mercados. Como siempre. Ahora bien, ¿es cierto que Syriza perdió esas elecciones? En primer lugar, deberíamos recordar que en las de 2009 obtuvo sólo el 4 % de los votos; años después alcanzó el 17 %; y en las últimas llegó al 27 %. En segundo lugar, deberíamos tener muy presente que el partido Nueva Democracia obtuvo apenas un 3 % más de votos que Syriza. En semejante contexto, se podría afirmar que, pese a toda la fuerza demagógica de los medios alemanes e internacionales, y a las presiones de los políticos y banqueros, estos resultados demuestran que, parafraseando el *Manifiesto Comunista*, «Syriza ya es reconocido por todos los poderes europeos como un poder». Dicho de otro modo, su éxito o fracaso es el mejor indicador de que el tiempo de las medidas de austeridad se está acabando rápidamente, aunque no tan rápidamente como debería. También es posible que la hipótesis de Paul Krugman según la cual puede que no haya sido negativo que Syriza terminara no formando Gobierno, porque si la actual política de austeridad acaba en un absoluto fiasco —cosa que, según el premio nobel estadounidense y otros economistas keynesianos, parece probable— el nuevo Gobierno griego quedará desacreditado, lo cual a fin de cuentas es bastante mejor que si recayeran las culpas del fracaso en los llamados «radicales». Lo que sí es radical de verdad son las políticas de austeridad que están hudiendo a España, a Portugal y a Irlanda. Y el hecho de que, a pesar de su evidente fracaso, sigan siendo impuestas e implementadas.

En la última entrevista concedida por Jacques Derrida, apenas dos meses antes de su muerte, el filósofo resumió de forma magnífica el problema que padece Europa hoy: «Europa tiene la obligación de asumir una nueva responsabilidad. No hablo de la actual Unión Europea, ni de la Europa que ha concebido la mayoría neoliberal, sino de la Europa futura». Aunque no ganara las elecciones, Syriza anunció con su resultado un nuevo camino. Como mínimo demostró que, aunque no consiguió que se produjera un cambio político, sí abrió paso a un cambio discursivo que permite decir: «¡No, no pagaremos!». Incluso Mario Draghi, director del Banco Central Europeo, admite ahora que ningún «pacto fiscal» funcionará sin un «pacto para el desarrollo»; mientras que por su parte Christine Lagarde, directora del FMI, advierte que hace falta encontrar el justo equilibrio entre austeridad y crecimiento. Lo que las últimas elecciones griegas han demostrado es que las medidas de austeridad no conducen hacia el crecimiento; es más, las denominadas «reformas estructurales» podrían poner en peligro no sólo la estabilidad del país afectado por ellas directamente (recordemos la imagen de aquel pensionista de setenta y siete años que cayó muerto en abril de 2012 en la plaza Syntagma, delante mismo del Parlamento), sino también la de toda la eurozona (y quizás habría que recordar aquí la paradoja de que sean las medidas de austeridad las que están consiguiendo que la UE vaya perdiendo su antigua posición geoestratégica, tal como muestra el hecho de que el puerto griego de El Pireo esté perdiendo negocio frente a la competencia china).

Lo que nos han mostrado las elecciones griegas es, por un lado, que el consenso neoliberal ha llegado a su punto final (tal fue el éxito de Syriza con su objeción a las durísimas medidas de austeridad, con su idea de que hay que someter la deuda a revisión); y, por otro, que el fascismo está en alza, así como su legalización dentro del sistema de la democracia parlamentaria. Y una lección adicional y también importante que nos enseñan estos comicios es que la democracia directa practicada en la plaza Syntagma, en el movimiento de «ocupación» en Wall Street y otros lugares del mundo ya no es suficiente. Es necesaria a fin de crear presión y porque permite, mediante la acción directa, que la gente confirme la debilidad que experimenta la democracia representativa, pero suprimir toda la lucha parlamentaria *a priori* mediante estos métodos podría también facilitar el avance de los fascistas. Y aquí nos encontramos ante una paradoja: Syriza no habría conseguido reunir tantos votos si no fuera porque supo aplicar los métodos de la democracia directa y el despliegue de la acción en las calles y tiendas de las ciudades griegas durante los últimos años; sin embargo, eso no basta porque no sería factible poner freno a las medidas de austeridad a base solamente de protestas callejeras. Necesitamos las dos cosas; lo cual nos lleva de vuelta a Derrida, quien, en unos tiempos en los que la frase suena a maldición o a chiste infame, no dudó a la hora de utilizar las palabras «nosotros, los europeos», aunque aclaró que no estaba hablando de «la creación de una Europa convertida en superpotencia militar, dedicada a proteger los mercados y mantener el equilibrio con otros bloques geopolíticos, sino de una Europa que sembrará la semilla de una nueva política de la posglobalización».

¿Deberíamos entonces ver esa «Europa futura» como la «democracia futura» (*la démocratie à venir*)? Según Derrida hay dos clases de futuro. Una es el *future*, ese futuro que a veces es predecible y esperado; y otra *l'avenir*, un porvenir totalmente inesperado que por lo tanto es lo único que merece el nombre de futuro. Pues bien, partiendo de esta distinción, habría que contemplar el futuro europeo desde esas dos perspectivas. La predecible —la Europa de nuestros días— es una Europa en la que se aplican nuevas medidas de austeridad, en donde se reforman los contratos colectivos y se producen más privatizaciones, más despidos, y en la que cae el poder adquisitivo y se va aboliendo el Estado de bienestar, etcétera. La «Europa que aún está por llegar» sería, según Derrida, «el porvenir democrático»; es decir, no se trata de una Europa futura que algún día se hará «presente», porque esa Europa no puede existir en el presente, sino de una Europa que esté de acuerdo con la ambigüedad de este futuro percibido (el tiempo verbal del futuro y *l'avenir*: el porvenir, lo que está por llegar), al igual que el Mesías que viene por primera vez y al mismo tiempo regresa. Es el futuro impredecible, el único futuro real, pero es también la idea de Europa que, a pesar de todas las distorsiones neoliberales, sigue significando o puede significar alguna cosa o, como dice Derrida en *L'Autre cap. Suivi de La Démocratie ajourné* (1991), esa Europa que es el «nombre de Europa», aquel por el cual —pese a todas las ilusiones y pretensiones eurocéntricas— todavía vale la pena combatir «si se tiene en cuenta la tradición ilustrada, pero también una conciencia de culpa y responsabilidad por los crímenes totalitarios, genocidas y coloniales cometidos en el pasado». El futuro de Europa radica ahora en elegir entre el simple futuro verbal y ese otro *avenir*, un porvenir que habla de la llegada de una Europa diferente y que, a pesar de que la anticipación no basta como garante del futuro, podemos sin embargo anticipar y esperar.

15

LA VALENTÍA DE CANCELAR LA DEUDA

Slavoj Žižek

Maurizio Lazzarato nos ofrece un análisis detallado[56] del modo en que, en el actual capitalismo global, la deuda interviene a todo lo ancho y largo de un gran número de prácticas y niveles sociales (desde los Estados nación hasta los individuos). La ideología hegemónica, el neoliberalismo, se esfuerza por extender la lógica de la competencia de los mercados a todas las áreas de la vida social, de manera que, por ejemplo, la sanidad o la educación, e incluso las mismas decisiones políticas (el voto), son percibidas como inversiones de su capital que lleva a cabo cada individuo. Así, el obrero ya no es visto sólo como fuerza de trabajo, sino como un capital personal que toma decisiones de «inversión» acertadas o desacertadas cuando cambia de empleo, lo que trae consigo un incremento o una disminución del valor de su capital como individuo. Esta reconceptualización del individuo como «emprendedor-del-yo» supone un cambio significativo en la naturaleza de la gobernanza: un paso que la aleja de la pasividad y aislamiento relativos de los regímenes disciplinarios (la escuela, la fábrica, la prisión), pero también del tratamiento biopolítico de la población (por parte del Estado de bienestar). ¿Cómo se puede gobernar a unos individuos concebidos como agentes autónomos que toman decisiones en un mercado libre, es decir, como «emprendedores-del-yo»? La gobernanza se ejerce ahora allí donde los individuos toman sus decisio-

---

56. Maurizio Lazzarato, *The Making of the Indebted...*, *op. cit.*

nes de forma supuestamente libre: se produce una externalización de los riesgos, desde las empresas y los estados hasta los individuos. Mediante esta individualización de la política social y la privatización de la protección social, que se consiguen a través de su alineamiento con las normas del mercado, la protección deviene condicional (es decir, deja de ser un derecho) y se vincula a unos individuos cuyos comportamientos pasan a ser de esta forma sometidos a evaluación. Para la mayoría de las personas, convertirse en un «emprendedor-del-yo» se relaciona con la capacidad del individuo para enfrentarse a esos riesgos externalizados sin contar con los recursos necesarios ni el poder para entablar esa lucha de manera adecuada. Así lo expresa Lazzarato:

> Las prácticas neoliberales contemporáneas producen un capital humano, un «emprendedor-del-yo» más o menos endeudado y más o menos depauperado, pero siempre precario. Para la mayoría de la población, convertirse en emprendedor-del-yo sólo significa que tienes que administrar tu empleabilidad, tus deudas, la caída de tu salario y de tus ingresos, y la reducción de los servicios sociales que recibes de acuerdo con las normas de los negocios y de la competencia.[57]

A medida que los individuos se empobrecen conforme se reduce su salario y se les quitan las ayudas sociales, el neoliberalismo les ofrece una compensación a través de la deuda y mediante la promoción de su bolsa de valores. Así, los salarios y el sueldo aplazado (o pensión) no aumentan, pero a cambio las personas tienen acceso al crédito para el consumo, y se les anima a proveer para su retiro mediante carteras personales de valores. Ya no tienen derecho a una vivienda, pero tienen acceso a un crédito hipotecario; ya no tienen derecho a la educación superior, pero pueden pedir créditos para estudiantes; la protección mutua y colectiva frente a los riesgos va siendo desmantelada, pero se anima a la gente a que se haga diversos seguros privados. Aunque no llegue a reemplazar

57. *Ibíd.*, p. 139.

todas las relaciones sociales existentes, el nexo acreedor-deudor acaba superponiéndose a todas ellas. Los obreros se convierten en obreros endeudados (y tienen que pagar a los accionistas de sus empresas a cambio de que les den un empleo); los consumidores se convierten en consumidores endeudados; los ciudadanos se convierten en ciudadanos endeudados, y han de hacerse responsables de su parte en la deuda de su país.

Lazzarato toma aquí la idea que Nietzsche desarrolló en *La genealogía de la moral*, cuando afirmaba que lo que distingue a las sociedades conforme se van alejando de sus orígenes primitivos es su capacidad de producir un ser humano capaz de prometer a otros seres humanos el pago de lo que debe, y de reconocer su deuda para con el grupo. Esta promesa fundamenta una clase especial de memoria orientada hacia el futuro («me acuerdo de que estoy en deuda contigo, así que me comportaré de manera que yo pueda acabar pagándote lo que te debo»), y esto se convierte en un modo de gobernar las conductas futuras. En grupos sociales más primitivos, las deudas que un individuo tenía con otros eran limitadas y podían resultar exoneradas, mientras que más adelante, con la llegada de los imperios y los monoteísmos, la deuda social o divina de las personas pasó a ser efectivamente impagable. La cristiandad perfeccionó este mecanismo: su Dios todopoderoso suponía una deuda que había crecido hasta el infinito; y al propio tiempo se internalizó la culpa de cada individuo por no poder pagarla. Desde ese momento, no había otra fórmula para pagar la deuda más que la obediencia: a la voluntad de Dios, a la Iglesia. La deuda, que aherrojaba los comportamientos del pasado y del futuro, y que poseía un enorme alcance moral, se convirtió en una formidable herramienta de gobierno; quedaba un único paso por dar: secularizarla.

Esta constelación produce un tipo concreto de subjetividad que se caracteriza por la moralización y la temporalización específicas. El sujeto endeudado practica dos clases de trabajo: el trabajo asalariado y el trabajo sobre su propio yo, el necesario a fin de producir un sujeto capaz de prometer que pagará sus deudas, que las pagará efectivamente, y que está dispuesto a asumir la culpa por ser un sujeto endeudado. Con el endeudamiento se abre una gama específica de temporalidades: para ser capaz de devolver lo que debes (de recordar tu promesa), hay que conseguir que tu comportamiento sea previsible, regular y calculable. Esto tiene incidencia no sólo en contra de cualquier revuelta futura, pues ésta traería consigo la quiebra de la capacidad de devolver lo que se debe, sino que implica además que queda borrado en tu cabeza el recuerdo de las revueltas ocurridas en el pasado, de toda clase de resistencia colectiva y la consiguiente interrupción del tiempo y el estallido de conductas impredecibles. Este sujeto endeudado es sometido constantemente a examen mediante su evaluación por parte de otros. Valoración del desempeño y de los objetivos laborales en el puesto de trabajo; valoración de su capacidad de endeudamiento; entrevistas individuales a todos los que son receptores de ayudas públicas. De este modo el inviduo no sólo se ve forzado a demostrar que va a poder pagar su deuda (y devolverle a la sociedad lo que le debe mediante un comportamiento correcto), sino que además ha de demostrar que tiene la actitud adecuada y asume la culpa individual en relación con cualquier desajuste sobre lo previsto. Aquí se hace palpable la asimetría entre acreedor y deudor: el «emprendedor-del-yo» endeudado es más activo que el sujeto de los modos anteriores de gobernanza, que tenían un sistema más disciplinario. Por mucho que le hayan privado de su capacidad para gobernar su propio tiempo, o para evaluar su propio comportamiento, la capacidad de acción autónoma del individuo queda estrictamente cercenada. Por si pudiese parecer que la deuda no es más que una herramienta gubernamental que sirve para modular el comportamiento de los individuos, hay que subrayar que se pueden aplicar técnicas similares a la gobernanza de las instituciones y los países. Todo el que esté siguiendo el gradual desarrollo en cámara lenta del choque de trenes que es esta crisis en la que vivimos se habrá fijado en que los países y las instituciones están sometidos a una evaluación constante (por ejemplo, por parte de las agencias de *rating*), en que tienen que aceptar el fallo moral implícito en los errores y excesos que hayan cometido en el pasado, y que han de aceptar el compromiso de comportarse bien en el futuro para de este modo garantizar que, sean cuales sean las amputaciones que vaya sufriendo el cuerpo de su sistema de protección social, o el de los derechos de sus trabajadores, seguirá siendo capaz de pagar la libra de carne que le debe al prestamista.[58]

El triunfo definitivo del capitalismo se produce cuando cada obrero se convierte en su propio capitalista, en el «emprendedor-del-yo» que decide cuánto quiere invertir en su propio futuro (educación, sanidad...), a sabiendas de que pagará mediante su propio endeudamiento todas y cada una de esas inversiones. Los derechos (a la educación, la sanidad, la vivienda...) se convierten de esta manera en decisiones tomadas libremente por el sujeto, cuyas inversiones en cada uno de estos sectores son formalmente equivalentes a las decisiones que toma el banquero o el capitalista cuando decide invertir en esta o aquella empresa, de modo que en este nivel formal todo el mundo es un capitalista que se endeuda a fin de poder realizar una inversión. Hemos dado de este modo un paso más en la equiparación —que hasta ahora sólo existía en el ámbito legal— entre capitalista y obrero. Los dos son ahora inversores de capital; sin embargo, la misma diferencia en la «fisonomía de nuestra *dramatis personae*» que, según Marx, aparece cuando queda concluido el intercambio entre trabajo y capital, reaparece de nuevo en esta situación presente una vez incluido el intercambio entre el capitalista propiamente dicho y el obrero que se ve forzado a actuar como «emprendedor-del-yo»: «El uno alardea dándose aires y se concentra en su negocio; el otro es tímido y reservado, como una persona que lleva al mercado su propia piel y no puede esperar otra cosa que un buen curtido».[59] Y hace bien en mantener esa actitud tímida: la libertad de elección que le ha sido impuesta es una falsa libertad, en realidad es la forma de su servidumbre.

¿Qué relación hay entre la ascensión actual del hombre endeudado, un ser específico surgido de las condiciones propias del

---

58. Para esta descripción de la teoría de Lazzarato me baso en el trabajo de Martin O'Shaughnessy: <http://lafranceetlacrise.org/2012/08/23/lazzarato-and-the-governmental-power-of-debt-la-fabrique-de-lhomme-endette-or-the-making-of-indebted-man>.

59. Karl Marx, *El Capital*, vol. 1, Penguin Books, Londres, 1990, p. 280.

capitalismo global, y las relaciones acreedor/deudor, la constante antropológica universal articulada por Nietzsche? Se trata de la paradoja de la realización directa que se convierte en su opuesto. El capitalismo global de nuestros días desarrolla hasta su límite la relación acreedor/deudor; y, a la vez, la mina: la deuda se convierte en un exceso manifiestamente ridículo. Entramos así en el dominio de la obscenidad: cuando se firma un crédito, ni siquiera se espera que el deudor lo pague: la deuda sirve como un medio directo de control y dominación. Recordemos la incesante presión a la que Grecia está siendo sometida por la UE, que insiste en que aplique renovadas medidas de austeridad. Esta presión encaja perfectamente en lo que el psicoanálisis denomina Superyó. El Superyó no es un ente ético, sino un ente sádico que bombardea al sujeto con demandas imposibles de satisfacer, y que disfruta con obscenidad ante la incapacidad de cumplirlas que tiene el sujeto. Imaginemos a un maestro malévolo que encargase a sus alumnos unas tareas imposibles, y que luego se burlara con sadismo al verles sometidos a la ansiedad y al pánico. Esto es lo que falla estrepitosamente en las demandas/exigencias de la UE: no tratan de darle a Grecia una oportunidad; su fracaso forma parte del juego. El objetivo del análisis politicoeconómico consiste en desplegar estrategias que permitan salir de este círculo infernal de deuda y culpa.

Desde el comienzo mismo, como es natural, entró en funcionamiento una paradoja parecida, puesto que en la propia base del sistema bancario encontramos una promesa/obligación que jamás podrá ser redimida. Cuando alguien ingresa dinero en un banco, el banco se obliga a sí mismo a devolver ese dinero en cualquier momento; pero, mientras que el banco tiene la potestad de cumplir con esa obligación con algunos depositantes, permitimos que no la cumpla con todos los depositantes a la vez, cosa que por definición no puede hacer. Pues bien, esta paradoja, que en un principio valía sólo para la relación entre los individuos que depositan su dinero y el banco, ahora también resulta válida para las relaciones entre el banco y las personas (legales o físicas) que toman dinero prestado del banco. Lo que esto implica es que el objetivo real que persigue el hecho de prestar dinero no es conseguir que el deudor reembolse

—con un beneficio adicional— ese dinero, sino que la deuda permanezca viva de manera indefinida, lo cual mantiene al deudor en una situación de dependencia y subordinación permanentes. Hace aproximadamente un decenio, cuando Argentina decidió devolver lo que debía al FMI antes de tiempo (gracias a la ayuda financiera que le prestaba Venezuela), el FMI expresó su preocupación por el hecho de que Argentina utilizara esas recién adquiridas libertad e independencia de las instituciones financieras internacionales para abandonar su política económica interna de estricto control, y lanzarse a una política de gasto irreflexivo... La inquietud del FMI hizo evidente lo que esconde en realidad la relación deudor/acreedor: la deuda es un instrumento que sirve para controlar y regular al deudor, y, como tal, busca sobre todo su propia reproducción y continuidad.

También nos llevamos una sorpresa al comprobar que esto es algo que la teología y la poesía sabían de memoria desde hace muchísimo tiempo, lo cual es una nueva confirmación del tema de Berardi, «poesía y finanzas». Si damos un salto atrás y retrocedemos hasta la primera modernidad, podemos preguntarnos: ¿por qué la historia de Orfeo fue El tema por antonomasia del primer siglo de la historia de la ópera? Un dato, por cierto, que se comprueba al ver que hay hasta cien versiones diferentes de ese mito. La figura de Orfeo pidiéndole a los dioses que le devuelvan a Eurídice simboliza la constelación intersubjetiva que proporciona, por así decirlo, la matriz elemental de la ópera o, más precisamente, del aria operística: la relación del sujeto (en los dos sentidos del término: agente autónomo; y también sujeto del poder legal) con su Amo (Divinidad, Rey, o la Dama del amor cortés) queda revelada por la canción del héroe (contrapunto de la colectividad encarnada en el coro), que básicamente consiste en una súplica dirigida al Amo, un ruego para que se muestre compasivo y haga una excepción, o para que le perdone su falta. La primera, y rudimentaria, forma de subjetividad la encontramos en esta voz que suplica al Amo que suspenda, por un breve instante, la ley que el propio Amo ha promulgado. A partir de la ambigüedad que media entre poder e impotencia, crece una tensión dramática de la subjetividad que dimana del ademán de gracia concedida por el Amo, que de este modo responde a la súplica del sujeto. En cuanto a la ideología oficial, la gracia expresa el supremo poder que ostenta el Amo, su poder para elevarse por encima de su propia ley: sólo un Amo realmente poderoso puede permitirse la misericordia. De modo que nos encontramos ante una especie de intercambio simbólico entre el sujeto humano y su Amo divino: cuando el sujeto, el ser mortal, ofreciéndose en sacrificio, se sobrepone a su finitud y alcanza las alturas de lo divino, el Amo responde con el ademán sublime de la Gracia, que es la prueba definitiva de Su humanidad. Pero este acto de gracia está al mismo tiempo marcado por la señal irreductible del ademán forzado y vacío: en último término el Amo hace de la necesidad virtud, en el sentido de que presenta como acto libre lo que en todo caso se ve forzado a hacer. Porque si se niega a ejercer la clemencia, corre el riesgo de que el respetuoso ruego del sujeto se convierta en una rebelión abierta.

En el *Orfeo* que Gluck compuso a finales del siglo XVIII, nos encontramos con un desenlace diferente. Después de haber mirado atrás y, por lo tanto, de haber perdido a Eurídice, Orfeo canta su aria famosa: *Che faro senza Euridice*, en la que anuncia su intención de suicidarse. En este preciso momento de autoabandono absoluto, interviene Amor y le devuelve a Eurídice. Esta forma específica de subjetivización —la intervención de la Gracia no como simple respuesta a la súplica del sujeto, sino como respuesta que se produce justo cuando el sujeto decide arriesgar su vida, arriesgarlo todo— es un giro añadido por Gluck al desarrollo tradicional de la historia. Lo crucial en este cambio es el vínculo entre la afirmación de la autonomía subjetiva y la «respuesta de lo Real», la compasión mostrada por el gran Otro: lejos de oponerse, se apoyan el uno al otro, es decir, el sujeto moderno puede afirmar su autonomía radical sólo en la medida en que su autonomía es sostenida por la sustancia social. No es de extrañar que este ademán de «autonomía y compasión»,[60] de compasión que interviene en el instante exacto en

<hr>

60. Véase el extraordinario libro de Ivan Nagel, *Autonomy and Mercy*, Harvard University Press, Cambridge, 1991.

el que el sujeto afirma su plena autonomía, sea discernible a lo largo de la historia de la ópera, desde Mozart hasta Wagner: en *Idomeneo* y en *El rapto en el serrallo*, el Otro (Neptuno, Bassa Selim) muestra la gracia de su compasión justo cuando el héroe está dispuesto a sacrificar su vida, y lo mismo ocurre dos veces en *La flauta mágica* (cuando se produce la mágica intervención del Otro que impide el suicidio de Pamina y de Papageno); en *Fidelio*, cuando la trompeta anuncia la llegada del Ministro en el momento en el que Leonora decide arriesgar su vida para salvar a Florestán; e incluso en el *Parsifal* de Wagner, donde el mismo Parsifal interviene para redimir a Amfortas, justo cuando éste les pide a sus caballeros que lo maten con sus dagas. Resulta, en este contexto, de especial interés *La clemencia de Tito*, escrita por Mozart en los últimos años de su vida. Somos testigos en esta obra de una explosión sublime/ridícula de actos de clemencia. Justo antes del perdón final, el propio Tito se exaspera ante la proliferación de traiciones, que le obligan a una proliferación, por su parte, de actos de misericordia:

> Justo cuando absuelvo a un criminal, descubro a otro. [...] Creo que las estrellas conspiran para obligarme a ser cruel, a pesar de mí mismo. No, no voy a darles esa satisfacción. Mi virtud ya ha decidido por sí sola continuar la prueba. Veamos quién es más constante, si la traición de los otros o mi clemencia. [...] Que Roma sepa que sigo siendo el mismo y que lo sé todo, absuelvo a todos y lo olvido todo.

Casi podemos escuchar a Tito quejándose igual que lo hace el *Fígaro* de Rossini: *Uno per volta, per carità!*, «despacio, por favor, primero el uno y luego el otro, ¡haced cola cuando vengáis a pedirme clemencia!». Capaz finalmente de cumplir la tarea que se ha impuesto a sí mismo, Tito los olvida a todos, pero aquellos a los que perdona están condenados a recordarlo para siempre:

> SEXTO: Es cierto, me perdonáis, Emperador; pero mi corazón no me absolverá: lamentará mi error hasta que ya no tenga memoria.
> TITO: El auténtico arrepentimiento del que eres capaz tiene más valor que la fidelidad constante.

Estos versos de la apoteosis final gritan a voces el obsceno secreto de *La clemencia de Tito*: el perdón no abole en realidad la deuda, más bien la hace infinita, pues estamos en deuda para siempre con la persona que nos ha perdonado. No es de extrañar que Tito prefiera el arrepentimiento antes que la fidelidad. Siendo fiel al Amo, le sigo por respeto, mientras que en el arrepentimiento lo que me une al Amo es la culpa infinita e indeleble. En este aspecto, Tito resulta un perfecto amo cristiano.

Por lo general contraponemos la rigurosa Justicia de los judíos a la Clemencia de los cristianos, el inexplicable ademán del perdón inmerecido. Nosotros, los humanos, nacimos en pecado, no podemos pagar nuestras deudas ni redimirnos mediante nuestros propios actos. Nuestra salvación está en manos solamente de la Clemencia de Dios, de Su supremo sacrificio. Mediante el ademán que consiste en romper la cadena de la Justicia a través del acto inexplicable de la Clemencia, de la redención de nuestras deudas, la cristiandad nos impone una deuda más poderosa incluso: estamos endeudados para siempre con Cristo, jamás podremos devolverle lo que hizo por nosotros. El nombre freudiano de esa presión excesiva y que no podemos compensar en modo alguno es, por supuesto, «superego». (No deberíamos olvidar que la noción de Clemencia es estrictamente correlativa a la de Soberanía: sólo quien ostenta el poder soberano puede dispensar la clemencia).[61]

Por lo tanto, el judaísmo es concebido como la religión del superego (de la subordinación del hombre a un Dios celoso, poderoso y severo), en contraste con el Dios cristiano de la Clemencia y el Amor. Sin embargo, precisamente porque *no* nos exige que pague-

---

61. En un nivel más elemental del orden simbólico, un ser que habla está *a priori* en deuda con el Otro, es «culpable» en un sentido puramente formal (tal como lo elabora, entre otros, Heidegger, en *El ser y el tiempo*), y la tarea del psicoanálisis no consiste en enseñarle al sujeto la manera de pagar esta deuda, sino en ayudarle a ver su naturaleza ilusoria. La paradoja radica en el hecho de que el anverso de esta deuda *a priori* es una pérdida (la «castración simbólica») constitutiva de un ser hablante: lo que me convierte en un ser endeudado no es cierto don recibido del Otro, sino *la misma pérdida que padecí como precio que pago por incorporarme al Otro.*

mos el precio por nuestros pecados, gracias a que fue Él mismo quien pagó por ellos, el Dios cristiano de la Clemencia se establece como el supremo agente del superego: «Yo pagué el precio más alto por tus pecados, y por eso estás endeudado conmigo *para siempre...*». Los contornos de este Dios como agente del superego, y cuya propia Clemencia genera la indeleble culpa de los creyentes, son perfectamente discernibles en la figura de Stalin. No deberíamos olvidar jamás que desde 1930 en las actas (accesibles en la actualidad) de las reuniones del Politburó y del Comité Central[62] se comprueba que las intervenciones directas de Stalin suponían, como regla, demostraciones de clemencia. Cuando miembros más jóvenes del CC, ansiosos por hacer gala de su fervor revolucionario, exigían la pena de muerte inmediata contra Bujarin, Stalin siempre intervino para decir: «¡Paciencia! ¡Todavía no se ha demostrado su culpa!», o algo parecido. Naturalmente, se trataba de pura hipocresía, pues Stalin era muy consciente de que era él quien generaba tanto fervor destructivo y de que los jóvenes querían satisfacerle; sin embargo, hacía falta aparentar que era compasivo.

Y lo mismo podemos decir del capitalismo de nuestros días. Hablando de la expresión de la «economía general» del gasto soberano, que él contrapone a la «economía restrictiva» de la infinita búsqueda de beneficios propia del capitalismo, Peter Sloterdijk proporciona (en *Zorn und Zeit*) los perfiles del momento en que el capitalismo se separa de sí mismo, de su inmanente autosuperación: el capitalismo, señala, alcanza su culmen cuando «crea a partir de sí mismo su más radical opuesto, el único en realidad fructífero, que es totalmente diferente de lo que la izquierda clásica, atrapada en su miserabilismo, fue capaz de llegar a soñar».[63] La mención positiva que hace de Andrew Carnegie nos muestra el camino. Se trata del soberano ademán de autonegación de la infinita acumulación de riqueza que supone el hecho de gastar dicha riqueza en cosas que están más allá del precio, que se encuentran situa-

62. Politburó y Comité Central del Partido Comunista de la Unión Soviética. *(N. de la E.)*

63. Peter Sloterdijk, *Zorn und Zeit*, Suhrkamp, Fráncfort, 2006, p. 55.

das fuera de la circulación de bienes en el mercado: el bien público, las artes y las ciencias, la sanidad, etcétera. Este además «soberano» de cierre permite al capitalista romper el círculo vicioso de la reproducción infinitamente prolongada, ese ganar dinero a fin de ganar más dinero. Cuando hace donaciones de su riqueza acumulada por el bien público, el capitalista se niega a sí mismo como mera personificación del capital y de su circulación reproductiva: su vida adquiere significado. Ya no se trata de la reproducción ilimitada como objetivo personal. Por otro lado, de este modo el capitalista logra dar el salto desde el *eros* al *thymos*, desde la pervertida lógica «erótica» de la acumulación, al reconocimiento y el buen nombre públicos. Lo cual equivale ni más ni menos que a elevar a George Soros o Bill Gates al estatus de personificaciones de la autonegación inherente del proceso capitalista en sí: sus actividades caritativas, sus inmensas donaciones al Estado de bienestar, no constituyen sólo parte de la idiosincrasia de esas personas, sean sinceras o hipócritas, sino que se trata del punto final lógico de la circulación capitalista, algo necesario desde un punto de vista estrictamente económico puesto que permite al sistema capitalista posponer su crisis. Restablece el equilibrio —porque se trata de una forma de redistribución de la riqueza hacia los verdaderamente necesitados— sin caer en la trampa fatal: la lógica destructiva del resentimiento y la redistribución forzada de la riqueza por parte del Estado, que sólo puede conducir a la miseria generalizada. (También evita, podríamos añadir, el otro modo de restablecimiento de un cierto equilibrio y de aserción del *thymos* mediante el gasto soberano, a saber: las guerras...).

¿De qué modo encaja *La clemencia de Tito* en la serie de las óperas de Mozart? Todo el canon de sus grandes óperas se puede leer como el despliegue del tema del perdón —la concesión de la clemencia— en todas sus variaciones: el poder máximo interviene con clemencia en *Idomeneo* y en *El rapto en el serrallo*; en *Las bodas de Fígaro*, los propios súbditos perdonan al conde que se niega a conceder su clemencia; etcétera. A fin de captar el lugar que ocupa *La clemencia de Tito* en esta serie, habría que leerla al lado de *La flauta mágica* y entenderla como su doble burlón y difuso: si *La flauta mágica* es la clemencia llevada al extremo de lo sublime, *La clemencia de Tito* convierte lo sublime en un ridículo exceso. La ridícula proliferación de la gracia por parte de Tito significa que el poder ya no funciona de manera normal, y tiene que estar sostenido constantemente por la clemencia. Si el Amor ha de mostrar clemencia, la ley tiene que haber fallado, y la maquinaria legal del Estado es incapaz de funcionar por sí sola y necesita una incesante intervención desde el exterior.[64]

64. Tuve la posibilidad de ser testigo de esta misma situación en los regímenes del socialismo de Estado. Cuando, en una escena mítica de la hagiografía soviética, Stalin sale a pasear por el campo y se encuentra con un obrero cuyo tractor se ha averiado, y le ayuda a repararlo dándole sabios consejos, lo que esta anécdota significa realmente es que ni siquiera un tractor puede funcionar de manera normal en medio del caos económico producido por el socialismo de Estado.

16

EL CAMINO MÁS FÁCIL HACIA EL GULAG ES TOMARSE EL GULAG A BROMA

Srećko Horvat

> *«The question is»*, said Alice, *«whether you can make words mean so many different things».*
> *«The question is»*, said Humpty Dumpty, *«which is to be master – that's all».*
>
> LEWIS CARROLL, *Through the Looking-Glass*

> —La cuestión es —dijo Alicia— cómo conseguir que las palabras signifiquen tantas cosas diferentes.
> —La cuestión es —dijo Humpty Dumpty— quién es el amo. Y eso es todo.
>
> LEWIS CARROLL, *Alicia a través del espejo*

Según Roy Medvedev, el historiador ruso, en la Unión Soviética hubo alrededor de doscientas mil personas que acabaron con sus huesos en algún gulag por haber contado un chiste. Cuando un sistema se siente amenazado por los chistes, y la gente se los toma demasiado en serio, lo que ocurre no es que ese sistema sea muy fuerte, sino que demuestra de forma clara su debilidad. Por mucho que tengas el poder que te permite mandar a la gente a un gulag.

Tras la visita de Alexis Tsipras, el líder de Syriza, a Zagreb en mayo de 2013 para participar en el Festival Subversivo, apenas dos meses antes del ingreso de Croacia en la Unión Europea, parece que hay que tomar los chistes más en serio que nunca. En primer lugar, los medios griegos informaron de que el director de cine estadounidense Oliver Stone apoyaba a Tsipras, quien llegó a decir que confiaba en que sería el próximo primer ministro griego, porque representaba «la esperanza para Grecia, y podía conseguir que se produjera un cambio de verdad no sólo en Grecia y en Europa, sino incluso en todo el mundo». En el transcurso de la misma conversación emitida por la televisión estatal griega en la que Stone dijo esas palabras, Slavoj Žižek añadió que él también creía en Tsipras, pero que mantenía esa creencia porque era «un platónico», puesto que «si los filósofos no son reyes, al menos tienen el control de los reyes», tras lo cual matizó que le apoyaba pero a condición de que le convirtiese «en su asesor secreto».

Unas palabras que, por supuesto, no eran más que una broma. Pero fue una de esas bromas lo que provocó la reacción más dura que pueda imaginarse por parte del establishment griego. En Zagreb, durante otro debate público con Tsipras, «el más peligroso filósofo de Occidente» dijo que en su visión «de un futuro democrático, a todos los griegos que no apoyen a Syriza se les facilitará un billete de ida en primera clase hacia el Gulag». Acto seguido en Grecia los medios hicieron redoblar los tambores del furor, lo cual condujo al primer ministro griego, Antonis Samarás, a afirmar que el comentario de Žižek era «espantoso y repugnante», teniendo en cuenta que miles de griegos murieron en el Gulag. Y a Tsipras le acusaron de reírse al escuchar la broma.

Ahora bien, ¿qué fue exactamente lo que Žižek dijo en Zagreb? Para evitar nuevos errores de interpretación, vale la pena citar el párrafo completo de esa intervención de Žižek:

El combate que Syriza está librando es el combate en defensa del alma de Europa. Y en esto me declaro, y no me da ninguna ver-güenza hacerlo, eurocentrista. De acuerdo, está muy bien, si nos ponemos políticamente correctos, eso de echarle a Europa la culpa de todo: del imperialismo, el colonialismo, la esclavitud... Pero, por Dios, Europa le dio a la humanidad una cosa maravillosa, y eso debe hacer que nos sintamos orgullosos; me refiero a la idea del igualitarismo radical, de la democracia radical, del feminismo, etcétera. Ya que todo eso se encuentra situado en el corazón mismo de la identidad europea. Y eso es lo que hoy en día está en juego. Así que, en relación con lo que ha dicho Alexis [Tsipras] cuando se preguntaba quién representa el verdadero peligro, si son los actuales defensores de Europa, los tecnócratas de Bruselas o los nacionalismos que combaten contra los inmigrantes, yo digo que todos ellos son la amenaza en contra de aquella herencia europea por la que vale la pena luchar. [...] Syriza no es un fenómeno griego. Syriza es una de las escasas señales de esperanza que tenemos hoy para toda Europa. [...] Y para ver el estado de opinión de la gente, cuando quieres saber qué piensa sobre Europa, lo mejor es preguntar qué piensa sobre Syriza. Si no está a favor de Syriza, desde mi punto de vista del futuro democrático, a toda esa gente habría que darles un billete en primera clase hacia el Gulag.[65]

Se trata del típico chiste de Žižek, así que sus seguidores conocen su sentido del humor y están acostumbrados a él desde hace mucho tiempo. Pero los enemigos de Tsipras —siguiendo aquí el clásico estilo de Stalin— prefirieron sacar el chiste de contexto e intentar convencer a quienes no estuvieron escuchando el debate de Zagreb de que «Žižek quiere mandar al Gulag a todos los que se oponen a Syriza».[66]

Pero la verdad es justamente lo contrario.

Precisamente el mismo día en el que Samarás y su Truth Team[67]

65. Véase en el epílogo de este libro, «El papel de la izquierda europea», una amplia selección de este debate público entre Tsipras y Žižek.

66. <http://greece.greekreporter.com/2013/05/21/zizek-wants-gulags-for-syriza-rivals>.

67. Aunque parezca increíble, el nombre oficial del equipo de campaña que trabaja para Nueva Democracia es The Truth Team. Véase: <http://www.truthteam.gr>, que de hecho es una copia literal del equipo de Obama: <http://www.barackobama.com/truth-team/>.

fabricaron el escándalo, Aurora Dorada, el partido de extrema derecha que ocupa dieciocho escaños en el Parlamento, amenazó con
organizar una marcha de cien mil personas para impedir que se
construyera una mezquita en Atenas. Pese a que en Grecia reside
medio millón de musulmanes, ningún Gobierno griego hasta la fecha ha tratado de mejorar la situación de la comunidad musulmana en la sociedad griega, y hasta el momento de escribir estas líneas
el Gobierno de Samarás ha seguido por ese mismo camino. Ni siquiera hizo nada cuando, para impedir que se procediera a la construcción de la primera mezquita en Atenas, Aurora Dorada remitió
una carta a la Asociación de Musulmanes de Grecia, con el siguiente texto: «Asesinos musulmanes: si antes del 30 de junio no cerráis
los burdeles que tenéis en Grecia os vamos a mandar al infierno.
Y los que no cumplan el ultimátum, morirán como pollos con la
cabeza cortada en el camino».[68]

Apenas un día después, el 21 de mayo de 2013, el parlamenta-
rio, portavoz de Aurora Dorada y *pop star*, Elias Kasidiaris, parti-
cipó en un programa de radio junto con Adonis Gorgiadis, diputa-
do de Nueva Democracia. Este último defendió en el debate los
polémicos centros de detención para inmigrantes, y afirmó que en
tales centros se respetan los derechos humanos de los reclusos,
acusando a Aurora Dorada de mentir cuando afirma que el «problema» de la inmigración ilegal tiene una solución sencilla. Kasidiaris respondió que esos centros son en realidad demasiado có-
modos para los inmigrantes, porque se les da comida y en ellos
disfrutan además de aire acondicionado; declaró también que
cuando Aurora Dorada llegue al Gobierno, se mandará a los inmigrantes ilegales a las islas del Egeo que han sido utilizadas como
prisiones para presos políticos a lo largo del siglo XX. Con esto está
dicho todo en relación con el Gulag y las acusaciones de Samarás
contra Tsipras por haberle reído la gracia a Žižek.

Por un lado, el chiste de Žižek sobre el Gulag y, por otro, unas
palabras no sólo ofensivas sino que significan incluso un paso más:

68. <http://english.alarabiya.net/en/News/world/2013/05/20/Greek-neo-
Nazis-threaten-to-mobilize-against-mosque-.html>.

la planificación de acciones concretas que suponen el uso de violencia física contra inmigrantes y musulmanes. Y, sin embargo, lo que provoca polémica y fingido escándalo es la broma. Mientras, lo otro se acepta sin discusión y progresivamente va siendo integrado hasta formar parte del discurso político establecido. Por otro lado, ¿no se observa una tendencia similar en toda Europa? Primero, de Syriza suele decirse que constituye una amenaza contra Europa y es presentada como si fuese tan peligrosa como el coco, según vimos en 2012, cuando justo antes de las elecciones griegas el *Financial Times* publicó en su edición alemana un artículo pidiendo que no se votara a Tsipras. Y en segundo lugar, la dirección hacia la que avanza ahora Europa, es decir, todas esas imparables medidas de austeridad y privatizaciones incesantes, que son la verdadera causa del aumento del paro y de la creciente ola de descontento; unos parados y unos descontentos que han sido movilizados y canalizados con facilidad a través de los nuevos movimientos patrióticos o abiertamente fascistas.

En este sentido Aurora Dorada es en realidad el largo brazo y la extensión del sistema, tal como insistió en Zagreb Alexis Tsipras. Aunque en apariencia, Aurora Dorada y otros movimientos parecidos expresan a voz en grito el pensamiento reprimido del vocabulario europeo, estos movimientos crean un clima político en el que, por ejemplo, la legislación durísima que rige en la UE contra la inmigración empieza a parecer relativamente «moderada» y, en consecuencia, este nuevo contexto permite que los movimientos extremistas avancen en su radicalización. Por ejemplo, los eslóganes electorales utilizados por Hans Christian Strache en las municipales vienesas de 2010, «*Zu viel Fremdes tut niemandem gut*» («El exceso de extranjeros no nos hace ningún bien») o «*Mehr Mut für unser Wiener Blut*» («Más fuerza para nuestra sangre vienesa»), armonizan muy bien con los mecanismos que Frontex utiliza para frenar la ola de inmigración en Europa. Lo mismo puede decirse del intento de Aurora Dorada de impedir que se edificase una mezquita en Atenas: no es la excepción, sino la confirmación de una tendencia generalizada en todo el continente, desde el Reino Unido y Francia hasta Suiza, que prohibió por referéndum en 2009 la construcción de minaretes.

Es en este sentido en el que hay que entender las palabras que pronunció Tsipras en Zagreb: «El peligro para Europa no lo representa Syriza, sino Angela Merkel». Al día siguiente, por supuesto, apoyándose de nuevo en la «maldad infinita» hegeliana de un medio fabricando ideología, un diario croata tituló: «Merkel es un peligro para Europa, dice el radical Tsipras». Ya que, obviamente, la idea de que la canciller alemana es peligrosa sólo puede ocurrírsele a un «radical» como él, mientras que aquellos cuyas políticas están produciendo un giro imparable de Europa hacia la derecha no merecen para esos medios esta clase de calificativos.

Pero el problema no es tanto la propia Merkel como esa vieja táctica que los nazis llamaban *Gleichschaltung* (igualación), término que denota el proceso a través del cual el régimen nazi «igualaba» —esto es, convertía en equivalentes— diversos elementos de la sociedad. De acuerdo con esta lógica, todos los elementos que no encajan en el paradigma dominante —sean de derechas o de izquierdas— son *gleich*, son iguales, son igualmente indeseables. Por eso, y recogiendo aquí sólo frases del año 2012, el líder de Syriza mereció calificativos como «ingenuo radical», «peligroso mentiroso», «demagogo populista» y «el hombre más peligroso de Europa». El semanario *Der Spiegel* llegó al extremo de incluirle en una lista de los «diez políticos más peligrosos de Europa». En este caso la *Gleichschaltung* consistía en poner a Tsipras al lado de Marine Le Pen, del Frente Nacional francés, del líder nacionalista finlandés Timo Soini, del famoso extremista austriaco Hans Christian Strache y del populista de derechas holandés Geert Wilders. He aquí una inmejorable versión del tipo de chiste soviético que muestra un gran potencial para la *Gleichschaltung*. Les cuento uno: tres hombres recién llegados a un campo de prisioneros del Gulag hablan de los motivos por los cuales terminaron allí. «Me trajeron porque siempre llegaba cinco minutos tarde al trabajo. Me acusaron de sabotaje», dice el primero. «No me extraña. Yo llegaba al trabajo cinco minutos antes de la hora. Me acusaron de espionaje», replica el segundo. Los dos se quedan mirando al tercero, expectantes, sabiendo que se prepara la traca final. «Pues a mí me ocurrió que, como siempre llegaba al trabajo a la hora exacta, sospecharon que poseía un reloj fabricado en Occidente».

Hay otra variante del mismo chiste en la cual los presos están en una celda del cuartel general del KGB en la plaza Dzerzhinsky.[69] El primero pregunta al segundo que por qué le han detenido, y éste contesta: «Porque critiqué a Karl Radek». A lo que el primero responde: «¡Pues a mí me han encerrado aquí por defenderlo!». Los dos se vuelven hacia el tercero, que ha permanecido sentado al fondo de la celda sin decir nada, y le preguntan cuál es la causa por la que está encerrado. Y este hombre les dice: «Karl Radek soy yo».

La reacción oficial del actual Gobierno griego que estamos comentando, ¿acaso no adopta una línea notablemente similar? Si seguimos el chiste de Žižek no es difícil imaginar la situación siguiente: tres presos del Gulag empiezan a hablar de cómo terminaron allí. El primero dice: «He acabado aquí porque luchaba contra la inmigración». El otro: «Yo estoy aquí porque luchaba contra Samarás». Y, por último, el tercero afirma: «Pues yo estoy preso porque luché contra los nacionalismos extremistas y contra Angela Merkel, y fui acusado de estar en contra de la Unión Europea». El tercero, por supuesto, es Alexis Tsipras.

La UE no ha llegado a caer tan bajo como para crear un sistema legislativo sofisticado que permita la *Gleichschaltung* estructural, pero la reacción del Truth Team del Gobierno de Samarás, ese Gobierno que ha obtenido la aprobación europea, es un síntoma de lo que está fallando hoy en día en Europa. La paradoja no sólo radica en quienes se autoproclaman como el «equipo de la verdad» y combaten todo chiste que les parezca políticamente incorrecto (gulag), sino en los que recrean esa atmósfera a la que se refiere Medvedev, una situación en la que los chistes son considerados como amenazas, mientras que las verdaderas amenazas —o sea, las actuales políticas de la troika y de Aurora Dorada— son consideradas como chistes. La paradoja también es evidente cuando vemos

---

69. La antigua plaza Dzerzhinsky, cuyo nombre hacía referencia al fundador de la Checa (futuro KGB), hoy denominada plaza de la Libertad, se encuentra en Járkov (Ucrania) y es una de las plazas más extensas del mundo. *(N. de la E.)*

las políticas de la UE, que son la verdadera causa del incremento del radicalismo en toda Europa. Poner a Tsipras cogidito del brazo de Le Pen o de Wilders, como ha hecho *Der Spiegel*, es no sólo una falsedad política, sino una manera cínica de defender un juego político preñado de riesgos, un juego que se está convirtiendo en el principal de los peligros que acechan a Europa. Dicho de otro modo: el peligro no se llama Tsipras. El peligro se llama *la Europa de la austeridad*.

Veamos un ejemplo tomado del miembro más reciente de la UE. Apenas unos días después de que Margaret Thatcher muriese, un importante diario croata publicó un artículo que se hacía eco del famoso lema heideggeriano «*Nur noch ein Gott kann uns retten*» («Sólo un Dios puede salvarnos»). El obituario estaba firmado por un exministro de Economía del Gobierno de Tuđman en el llamado periodo de transición, una persona que sigue teniendo el infame mérito de haber dicho que «la privatización es una operación muy difícil, y lo normal es que te manches el traje cuando te pones a ello. Pero alguien tiene que hacerlo». Su panegírico llevaba por título: «Sólo una Margaret puede salvar Croacia».[70] No necesitamos WikiLeaks ni tampoco ningún libro de historia para recordar vivamente de qué manera adoptó Croacia (al igual que otros estados de la antigua Yugoslavia) sus reformas neoliberales. Basta con oír lo que dicen sus propios protagonistas.

En el texto, este economista recuerda su primer encuentro con Margaret Thatcher durante la visita de la ex primera ministra a Croacia en septiembre de 1998. Fue el año en que el entonces presidente Tuđman la galardonó con el más importante premio del Estado. Recuerda el economista que le confesó a la señora Thatcher que en Croacia la gente se burlaba de él llamándole «thatcherista». «Magnífico —dijo ella—. Eso significa que está usted

<hr />

70. Borislav Škegro, «Hrvatsku može spasiti samo netko poput Margaret Thatcher», *Jutarnji list*, 9 de abril de 2013. Véase: <http://www.jutarnji.hr/hrvatsku-moze-spasiti-netko-poput-margaret-thatcher/1095894/>. (Vale la pena pinchar en el link porque en él hay una foto en la que el primer presidente croata, Franjo Tuđman, aparece al lado de su máximo economista tomando una copa de champagne con la Dama de Hierro).

haciendo lo que hay que hacer. ¡Siga así!». ¿Y qué sería, hoy, lo que hay que hacer en Croacia? Según el mismo artículo, «consolidación fiscal, privatización de las grandes empresas estatales, desregulaciones, cierre de empresas que tienen pérdidas de forma crónica, reformas de la sanidad pública y del sistema público de pensiones, aplicación de las medidas adecuadas de tripartismo social, etcétera». Y eso no es todo: «Tenemos la suerte de que "ella" hizo todo eso, y recibió en vida muchos honores, así como los parabienes que le otorgaron sus mismísimos rivales políticos hasta la juventud de entonces, gente que hoy debe su puesto de trabajo a las en aquel entonces impopulares medidas que ella adoptó». El autor del obituario olvidó mencionar, claro está, que Croacia es el tercer país en el ranking europeo de paro juvenil (en torno al 51,5 %), por detrás solamente de Grecia (59,1 %) y España (55,9 %).[71]

Como sabemos, en la entrevista que publicó *Der Spiegel* en mayo de 1976 (aunque había sido realizada en 1966), a Heidegger le preguntaron si el individuo puede en algún grado ejercer cierta influencia en la telaraña de circunstancias fatídicas. A lo cual él respondió:

> Si se me permite contestar de manera breve y tal vez un poco tosca, pero no sin una larga reflexión previa: la filosofía no podrá operar ningún cambio inmediato en el actual estado del mundo. Esto es válido no sólo para la filosofía, sino en especial para todos los esfuerzos y afanes meramente humanos. Sólo un dios puede salvarnos. La única posibilidad de salvación consiste en que, con el pensamiento y la poesía, nos preparemos para la aparición del dios, o para su ausencia en nuestro ocaso; puesto que ante los ojos de dios nos encontramos en el ocaso.[72]

71. Véase: <http://www.croatiaweek.com/youth-unemployment-hits-record-high-in-croatia-51-6/>.

72. Versión adaptada a partir de la traducción inglesa de William J. Richardson. *(N. del T.)*

Por hacer ahora una cosa que quizá les parecería blasfemo a los heideggerianos serios, podríamos tal vez leer a Heidegger *avec* el economista croata mencionado aquí, e imaginar que llega a la siguiente conclusión:

> Si se me permite contestar de manera breve y tal vez un poco tosca, pero no sin una larga reflexión previa: Syriza no podrá operar ningún cambio inmediato en el actual estado del mundo. Esto es válido no sólo para Syriza, sino en especial para todos los esfuerzos y afanes meramente humanos. Sólo Margaret Thatcher puede salvarnos. La única posibilidad de salvación consiste en que, con el pensamiento y la poesía, nos preparemos para la aparición de una nueva Margaret Thatcher, o para su ausencia en nuestro ocaso, puesto que ante los ojos de Margaret Thatcher nos encontramos en el ocaso.

¿No es éste el mensaje que la troika repite constantemente? Al menos, la buena noticia para Croacia es que, aunque es el más nuevo de los Estados miembros de la UE, encaja a la perfección, pues ya hace tiempo que había adoptado sus actuales dogmas políticos y económicos.

Los dos acontecimientos, la muerte de Margaret Thatcher y la visita de Alexis Tsipras a Croacia, han mostrado cuál es la dimensión de la hegemonía ideológica en Europa. Si bien queda claro que la herencia de Thatcher no demuestra que ella tuviera razón, y que Tsipras no debería ser tachado de «extremista peligroso», el predominio de unas versiones tan completamente opuestas revela hasta qué punto estamos lejos de entender cuáles son las plagas que amenazan a Europa hoy en día. Y quizás esto sea algo que merezca la pena añadir al debate provocado por un artículo de Étienne Balibar sobre una nueva Europa.[73]

La vieja lección de Humpty Dumpty resulta más relevante que nunca. «La cuestión es quién es el amo. Y eso es todo». En otras

73. Étienne Balibar, «A new Europe can only come from the bottom up», *openDemocracy*, 6 de mayo de 2013, en <http://www.opendemocracy.net/etienne-balibar/new-europe-can-only-come-from-bottom-up>.

palabras: para conseguir una nueva Europa no basta con esperar a que llegue una solución «desde arriba», como afirmó Balibar. Hace falta una posición clara y enérgica: necesitamos una nueva hegemonía.

Balibar no se mostró partidario de un New Deal para Europa propiciado por Frau Merkel, pese a estar convencido de que tiene que venir desde Alemania. Pero cuando pensamos en cuál es el campo de batalla en el que se libra hoy el combate por la hegemonía —el combate en contra de los gulags modernos y las tendencias extremistas— resulta evidente que la solución vendrá —y debe venir— del Sur de Europa.

¿Por qué? Porque los conejillos de indias del Sur de Europa —como Grecia— no sólo se están acostumbrando a ser víctimas de los experimentos de la «doctrina del shock», sino que se están mostrando dispuestos a ser ellos mismos los que emprendan la aplicación de tales experimentos. Termino respondiendo a Sandro Mezzadra, autor de una de las réplicas a Balibar. Mezzadra declara que necesitamos una campaña fundacional «capaz de transformar las fuerzas e instituciones existentes, y de crear otras nuevas que canalicen las luchas sociales y la "indignación" hacia "esa finalidad consistente en construir otra Europa" capaz de producir nuevos lenguajes políticos e imaginarios culturales».[74] Pues bien, a él y a los demás les respondo que ya tenemos esa «campaña fundacional», me refiero a algo cuyo nombre echo de menos en toda esta discusión sobre la necesidad de reconstruir Europa. Se llama Syriza.

74. <http://www.opendemocracy.net/sandro-mezzadra/as-europe-is-provincialized-reply-to-etienne-balibar>.

17

NECESITAMOS UNA MARGARET THATCHER
DE LA IZQUIERDA

Slavoj Žižek

En las últimas páginas de su monumental libro *La Segunda Guerra Mundial*, Winston Churchill reflexiona sobre el enigma de las decisiones militares: una vez han propuesto su análisis los especialistas (los económicos y los militares, los psicólogos y los meteorólogos), alguien debe asumir la obligación de llevar a cabo una acción, la más simple y por ello la más complicada, la que consiste en traducir toda esa complejidad analítica en un sí o un no. Atacaremos; seguiremos esperando... Esa decisión, que jamás podrá basarse al cien por cien en razones, es la decisión de un Amo. Los expertos tienen el deber de presentar la situación en su complejidad, y al Amo le corresponde simplificarla y transformarla en una decisión.

El Amo resulta especialmente necesario en situaciones de crisis profunda. Su función consiste en superar una división auténtica: la división entre los que quieren seguir aguardando desde la perspectiva de los antiguos parámetros, y los que han tomado conciencia de la necesidad de cambio. Esta división, y no todos los posibles compromisos oportunistas, es el único camino que conduce a la verdadera unidad. Tomemos un ejemplo que no resultará problemático: Francia en 1940. Incluso Jacques Duclos, el número dos del Partido Comunista Francés, admitió en conversación privada que, si en un momento como ése se hubiesen celebrado en Francia elecciones legislativas, el mariscal Pétain habría obtenido el 90 % de los votos. Cuando De Gaulle, al tomar su decisión histórica, se negó a reconocer la capitulación ante Alemania y continuó la resistencia, proclamó que no era el régimen de Vichy, sino él, quien hablaba en nombre de la Francia verdadera (en nombre de la verdadera Francia como tal, ¡no en nombre de la «mayoría de los franceses»!). Lo que De Gaulle estaba diciendo era sin duda verdadero y cierto, incluso a pesar de que no sólo carecía de legitimidad «democrática», sino que lo que él hacía y decía estaba claramente en contra de la opinión de la mayoría de los franceses.

Margaret Thatcher, la dama que no era nunca partidaria de retroceder, era un Amo en este sentido: se mantenía firme en sus decisiones pese a que al principio fueran vistas como locuras, y así fue gradualmente elevando su locura particular hasta convertirla en una norma aceptada. Cuando le preguntaron cuál había sido su mayor logro, respondió sin dudarlo: el *New Labour*. Y tenía razón: su mayor triunfo consistió en que incluso sus enemigos políticos adoptaron los criterios esenciales de su política económica, pues el auténtico triunfo no es la victoria sobre el enemigo, sino conseguir que éste comience a emplear tu lenguaje de tal modo que tus ideas acaben formando la base común de toda posible discusión.

¿Qué queda por tanto hoy del legado de Thatcher? La hegemonía neoliberal está claramente partiéndose en pedazos. Thatcher fue tal vez la única thatcherista auténtica: era obvio que creía en sus ideas. Por el contrario, el neoliberalismo actual «sólo imagina que cree en sí mismo y pide que el mundo lo crea a su vez» (por citar a Marx). En pocas palabras: hoy por hoy el cinismo se muestra sin reserva. Recordemos aquel chiste cruel de *Ser o no ser*, la película de Lubitsch: cuando le preguntan sobre los campos de concentración alemanes en la Polonia ocupada, el oficial nazi responsable del campo de concentración Ehrhardt replica secamente: «Nosotros nos ocupamos de la concentración, y los polacos de la acampada».

¿Acaso sería aventurado afirmar lo mismo sobre la quiebra de Enron en enero de 2002 (y de las fusiones del núcleo del mundo financiero que se produjeron luego), que podríamos interpretar como una especie de comentario irónico sobre la noción de riesgo societario? Los miles de trabajadores que perdieron su empleo y sus ahorros estuvieron, desde luego, expuestos a un riesgo, aunque jamás tuvieron la posibilidad de elegir: el riesgo se presentó en sus vidas como una cita a ciegas. Por el contrario, quienes sí sabían lo que estaba pasando y cuál era el riesgo, y gozaban además de la posibilidad de intervenir en el desarrollo de los acontecimientos (los máximos ejecutivos), minimizaron sus propios riesgos vendiendo sus acciones y sus opciones de compra de acciones antes de que se produjera la bancarrota. De modo que es cierto que vivimos en una sociedad donde las decisiones que tomamos suponen riesgos, pero hay algunos (los ejecutivos, Wall Street) que toman las decisiones, mientras que son otros (la gente corriente que paga su hipoteca) quienes corren el riesgo.

Una de las más estrafalarias consecuencias de la fusión del núcleo del mundo financiero y de las medidas tomadas para contrarrestar sus efectos (dedicar sumas enormes de dinero a ayudar a los bancos) fue el renacimiento de la obra de Ayn Rand, la ideóloga que más se acerca a defender el lema «la codicia es buena», propio del capitalismo radical. En esa época volvieron a crecer las ventas de su obra magna, *La rebelión de Atlas*. Según informaciones que me han llegado, existen señales de que el escenario que describe ella en ese libro —que los propios capitalistas se declaren en huelga— ya está produciéndose. John Campbell, congresista republicano, ha dicho: «Los conseguidores han ido a la huelga. En un nivel pequeño, veo que se está produciendo una especie de protesta por parte de quienes crean empleos [...], pues están abandonando sus viejas ambiciones al haber comprendido que serían castigados por perseguirlas». Esta reacción es absurda en grado sumo porque lee de forma muy incorrecta cuál es la situación. La inmensa mayoría del dinero de rescate que está poniendo el Gobierno va precisamente a caer en manos de esos «titanes» randianos desregulados, cuyos planes «creativos» terminaron en fracaso, los mismos que provocaron la fusión del núcleo del mundo financiero. No se trata de grandiosos genios de la creatividad empresarial que se dedican a prestar su ayuda a un montón de ciudadanos corrientes y perezosos; son los contribuyentes normales quienes ayudan a todos esos «genios de la creatividad» cuyos inventos fracasaron.

Hay otro aspecto del legado de Thatcher que ha sido siempre atacado por los críticos de izquierdas: su forma «autoritaria» de gobernar, su escaso sentido de la necesidad de hacerlo con cierto grado de coordinación democrática. Las cosas son, en este punto, algo más complicadas de lo que pudiera parecer. Las continuas oleadas de protesta que se están produciendo en Europa convergen en una serie de demandas que, en su misma espontaneidad y obviedad, forman una suerte de «obstáculo epistemológico» que interfiere en la confrontación propiamente dicha frente a la crisis permanente que padece nuestro sistema político. En efecto, esas protestas parecen una versión popularizada de la política derridiana: la gente sabe lo que quiere, es capaz de descubrirlo y formularlo, pero sólo a través de su propia implicación y su propia actividad incesantes. Así, dicen que necesitamos una democracia participativa efectiva, que no basta con la democracia representativa y sus rituales electorales cada cuatro años como única manera de interrumpir la pasividad de los votantes; que necesitamos una autoorganización de la multitud, en lugar de un partido leninista sometido a su Líder, etcétera.

Pues bien, este mito de la autoorganización directa y no representativa es la última trampa, la ilusión más profunda que también debería caer rota en pedazos, porque es aquello a lo que más nos cuesta renunciar. Efectivamente, en todo proceso revolucionario hay momentos de éxtasis de solidaridad grupal, esos momentos en los que miles, cientos de miles de personas, ocupan a la vez una plaza pública, como la plaza Tahrir hace un par de años. Sí, hay momentos de intensa participación colectiva en los que las comunidades locales debaten y deciden, en los que las personas viven en una especie de estado de emergencia permanente y toman la iniciativa sin ningún Líder que las guíe. Pero tales estados no duran, y el «agotamiento» no es aquí un hecho meramente psicológico, sino que adquiere el estatus de categoría según la ontología social.

Frente a esas personas, la gran mayoría —y me incluyo— *quiere* permanecer inactiva, confiar en un eficiente aparato estatal capaz de garantizar el funcionamiento bien engrasado de todo el edificio social, para que cada uno de nosotros pueda seguir dedicándose en paz a sus ocupaciones. En su libro *La opinión pública* (1922), Walter Lippmann escribió que el rebaño de ciudadanos debe ser gobernado por «una clase especializada cuyos intereses vayan más allá del localismo». Esta élite ha de actuar como una maquinaria de conocimiento capaz de superar, sorteándolo, el defecto primordial de la democracia: el ideal imposible del «ciudadano omnicompetente». Así es como funcionan nuestras democracias, y lo hacen con nuestro consentimiento: no hay ningún misterio en lo que Lippmann señalaba; lo misterioso es que, sabiendo que es así, aceptemos jugar a ese juego. Actuamos todos *como si* fuéramos libres y tomáramos decisiones libremente, aceptando —y hasta *exigiendo*— en silencio que una orden invisible (que está inscrita en la forma misma de nuestra libertad de palabra) nos diga qué hacer y pensar. Se afirma que la gente sabe lo que quiere: pues bien, no es así, la gente ni sabe lo que quiere ni quiere saberlo. Necesitamos una buena élite, y por eso un buen político no sólo aboga por los intereses de la gente, sino que además es a través de él que la gente descubre qué es lo que «de verdad quiere».

En cuanto a la oposición entre una multitud autoorganizada y el orden jerárquico sostenido por la referencia a un líder carismático, obsérvese cuánta ironía encontramos en el hecho de que Venezuela, un país al que muchos han elogiado por sus intentos de conseguir una democracia directa (consejos locales, cooperativas, obreros que dirigen fábricas), es también un país cuyo presidente fue Hugo Chávez, líder carismático donde los haya habido. Es como si en este terreno funcionara la regla de la transferencia explicada por Freud: a fin de que los individuos puedan «ir más allá de sí mismos», liberarse de la pasividad de la política representativa y lanzarse a ser agentes políticos directos, es necesaria la referencia de un líder, un líder que les permita salir de la ciénaga como si del barón Munchausen se tratara, un líder del cual ellos «suponen que sabe» lo que ellos desean. En este sentido señaló no hace mucho Alain Badiou que las redes horizontales minan al clásico Amo, pero a su vez alimentan nuevas formas de dominación que son mucho más fuertes que la del clásico Amo. La tesis de Badiou es que un sujeto necesita a un Amo para elevarse por encima del «animal humano» y practicar la fidelidad a un Acontecimiento-Verdad:

> El Amo es el que ayuda al individuo a convertirse en sujeto. Es decir, si admitimos que el sujeto emerge de la tensión entre el individuo y la universalidad, es evidente que el individuo necesita una mediación, y por lo tanto una autoridad, a fin de avanzar en su camino. Hay que renovar la posición del Amo: no es cierto que nadie se las pueda arreglar sin ese Amo, incluso, y sobre todo, desde la perspectiva de la emancipación.

Badiou no tiene miedo a oponer el papel necesario del Amo a nuestra sensibilidad «democrática»:

> Esta función capital de los líderes no es compatible con el actual ambiente «democrático» predominante. Por eso combato duramente contra ese ambiente (ya que al fin y al cabo hay que comenzar por la ideología).

Deberíamos aceptar sin ningún temor lo que él nos sugiere: a fin de despertar de manera efectiva a los individuos de su «modorra democrática», de su confianza ciega en las formas institucionalizadas de la democracia representativa, no son suficientes en absoluto las llamadas a la autoorganización, pues es necesaria una nueva figura del Amo. Recordemos las famosas palabras de Arthur Rimbaud en «A una razón»:

> Basta un golpecito del dedo en el tambor para liberar todos los sonidos y poner en marcha la nueva armonía./Basta un paso tuyo para que se alcen todos los hombres y reciban la orden de marchar./Miras adelante: ¡el nuevo amor!/Miras atrás: ¡el nuevo amor!

No hay nada inherentemente «fascista» en estos versos: la suprema paradoja de la dinámica política radica en que hace falta un Amo para arrancar a los individuos del cenagal de su inercia, para motivarles a que traten de autotrascenderse mediante una lucha emancipatoria en busca de la libertad.

Lo que necesitamos, en la situación actual, es una Thatcher de la izquierda: un líder capaz de repetir el ademán thatcheriano pero en la dirección opuesta, un ademán que transforme todo el ámbito de los presupuestos compartidos por las élites políticas de todas las orientaciones principales.

18

EUROPA SERÁ DEMOCRÁTICA Y SOCIAL, O DEJARÁ DE EXISTIR

Alexis Tsipras (entrevistado por Srećko Horvat)*

Srećko Horvat: El 1 de julio Croacia se convertirá en el miembro más reciente de la UE. Considerando la experiencia griega, ¿cómo ves la ampliación de la Unión Europea justo en mitad de su más grave crisis financiera y política? ¿Qué futuro le aguarda a Croacia en la UE?

Alexis Tsipras: Nos encontramos en una fase en la que se está rediseñando Europa. El objetivo consiste en crear una Europa a dos velocidades, una unión de Estados en la que los que tengan superávit interpretarán el papel de jinete, y los que tengan déficit, el de caballo. Hablamos de una Europa en la que el monetarismo, la más dura austeridad y la demolición de la sociedad serán las respuestas, sean cuales sean las preguntas. Es sencillo predecir lo que Croacia puede esperar. Dentro o fuera del euro, la situación de los trabajadores croatas irá deteriorándose constantemente; el futuro de los jóvenes será cada vez más inseguro, cada vez más tenebroso; y la dignidad de los pensionistas se deteriorará cada vez más. Debemos impedir que Europa avance por ese camino. El sistema del mercado libre ya no puede prometer una prosperidad constante, una mejoría de la situación para todos los ciudadanos. Tras la crisis de 2008 este sistema se ha colapsado y ha redirigido toda su

---

* Entrevista realizada en Atenas, en mayo de 2013.

hostilidad contra la sociedad. No podemos seguir mucho tiempo más avanzando por ese camino. Europa será democrática y social, o dejará de existir. Por lo tanto, necesitamos un cambio de dirección de proporciones históricas. Para que eso ocurra, los pueblos de Europa deben coger las riendas de la situación, y hacerlo mediante la lucha, la ruptura, la búsqueda de caminos comunes y solidarios. Sólo por medio de todas las formas de resistencia social puede llegar a emerger una nueva alternativa válida para la totalidad de Europa.

S.H.: Hay una famosa frase de Henry Kissinger que dice: «Nada importante puede venir del Sur», complementada por estas otras palabras: «El eje de la historia empieza en Moscú, se desplaza a Bonn, da el salto hasta Washington y luego pasa a Tokio». ¿Son todavía válidas estas opiniones? ¿O vivimos en un ecosistema internacional que ha cambiado ya de forma profunda? A partir de ahí, ¿cree que puede emerger algo realmente «importante» del Sur? ¿Piensa que los países de la periferia de la UE como Grecia, España y Portugal, e incluyendo además a Eslovenia y Croacia, pueden formar un nuevo eje de resistencia?

A.T.: Ignoro lo que significan esas abstractas frases históricas. Vietnam, por ejemplo, no forma parte de ese eje, ni aparece en esas frases, pero en ese país la superpotencia de Kissinger fue derrotada por campesinos calzados con sandalias. En tiempos de Kissinger, Latinoamérica era una suma de sanguinarias dictaduras proestadounidenses. Hoy en día mucha gente mira en nuestra dirección porque piensa que, por decirlo con sus palabras, del Sur puede venir algo importante. Las resistencias sociales son las que reescriben la historia, de otro modo el mismo sistema de poder permanecería vigente durante muchos siglos. Éste es el gran desafío al que se enfrentan los pueblos de Europa: unirse, hacer frente al neoliberalismo, establecer como objetivo político directo la necesidad de la democracia y de que la gente viva con dignidad. El Sur europeo está viendo la primera erupción de cambio porque los países del Sur están más o menos en la misma situación. Pero el cambio no vendrá como resultado de un choque del Sur contra el Norte. Será resultado de un movimiento que una a todos los trabajadores europeos, los del Norte y los del Sur, cuando se unan para luchar contra la supremacía del capital y los mercados.

S.H.: La crisis no está amainando en Grecia y, según las estadísticas más recientes, en todo lo que se refiere al paro, al hundimiento del sistema de salud pública y servicios públicos, a la gente que pasa hambre, etcétera, la situación no ha hecho más que empeorar. Por otro lado, los últimos sondeos indican que usted podría llegar a ser el primer ministro de su país. Llegados a este punto deberíamos plantearnos de nuevo «¿qué hacer?», la vieja pregunta de Lenin. ¿Podría explicarnos qué medidas concretas adoptaría un futuro Gobierno de Syriza? ¿Qué haría en relación con los acuerdos firmados por Grecia con la troika, cómo combatiría el paro, cómo resolvería la crisis?

A.T.: La explosión del paro y la demolición del Estado social es mucho más que un daño colateral de la crisis. Son los objetivos concretos de la política que se está implementando en Grecia, y que gradualmente se va promoviendo en los demás países de economía débil, con lo cual se están haciendo realidad las más alocadas fantasías neoliberales. La izquierda, que está reuniendo cada día más apoyos sociales, debe responder a las voces que le exigen resolver una cuestión fundamental: cómo conseguir la estabilización financiera, sin por ello dejar de apoyar a la gente débil y vulnerable que en este momento ya constituye una enorme mayoría social. La ayuda que prestemos a los más débiles hará que la sociedad nos apoye, y además irá progresivamente aumentando la demanda y reforzando la economía. Al mismo tiempo, la estabilización de la economía nos permitirá denunciar el memorándum, poner punto final a la política de recesión descontrolada, y renegociar la deuda desde una posición más fuerte para Grecia y para todo el Sur europeo. Nuestro objetivo es lograr un nuevo tipo de acuerdo en el que el pago de la deuda esté vinculado al crecimiento de la economía, porque sólo entonces esa deuda sería sostenible.

Alemania aprendió esa lección a partir de 1953, cuando, pasados unos años después de la Segunda Guerra Mundial, se puso en cuestión su propio nivel de endeudamiento.

S.H.: Por otro lado, podemos ver la creciente popularidad de Aurora Dorada, el partido griego de extrema derecha. ¿Cómo contempla este problema Syriza hoy, y qué haría usted al respecto si llegara a gobernar?

A.T.: La extrema derecha nazi siempre resulta útil a la hora de respaldar el sistema. Y se debe a la hostilidad que estos partidos sienten contra cualquier pensamiento crítico, porque aborrecen la democracia, por su empeño en acusar a los más débiles y a los que oponen resistencia al sistema, y porque suelen proclamar su creencia en «el orden» para poder así manifestarse en contra de toda forma de protesta social. Los fascistas siempre han regresado con fuerza a la primera línea política cuando el sistema se siente amenazado desde la izquierda. Contra ellos hay una fuerte oleada de movimientos antifascistas, que se expresan mediante acciones e iniciativas de masas, tales como el bloqueo de las iniciativas fascistas, la denuncia de las acciones de la extrema derecha y de las confrontaciones callejeras, aunque tratando siempre de evitar la trampa fascista que persigue provocar reacciones violentas. Nuestra oposición es clara: en lo político, las respuestas deben ser meramente políticas, porque así es como debe funcionar la democracia. Pero en la práctica, pondremos fin a la inmunidad de la que disfrutan esos grupos fascistas. Hay leyes que definen y castigan los crímenes del odio, y aplicaremos esas leyes a todos los que las violen.

S.H.: ¿Cómo evitar los errores del pasado? ¿Cree que la socialdemocracia sigue siendo una respuesta válida?

A.T.: La socialdemocracia estuvo perfectamente dispuesta a aliarse con la derecha después de 1989, y comulgó con las doctrinas neoliberales de forma entusiasta. Durante mucho tiempo fue de hecho el partido favorito del capital y de los mercados, ya que consideraban que los socialdemócratas tenían la capacidad de favorecer las políticas de desregulación sin provocar una reacción social grave. Con la crisis actual, la socialdemocracia empieza a perder terreno. En Alemania no es capaz de convertirse en una amenaza para Merkel, pues todo cuanto tiene que decir es lo mismo que lo que ella dice. En Francia ya se han desvanecido todas las expectativas que llegó a crear. Fijémonos bien en la posición de Mário Soares, el veterano político portugués, quien afirmó que la única actitud honesta por parte de las fuerzas socialistas consistiría en crear una nueva alianza con la izquierda, para enfrentarse a los poderes de la crisis y del neoliberalismo. Esta alianza se está llevando ya a la práctica en las bases de la sociedad, y va creciendo desde abajo hacia arriba. Sin embargo, los líderes socialdemócratas no han captado esa nueva tendencia ni ven la posibilidad, así como tampoco tienen la credibilidad necesaria para conseguir ese cambio de dirección. Por lo tanto, el espacio socialdemócrata sigue encogiéndose, mientras que aparecen nuevas fuerzas en cuyo núcleo está la idea de establecer una alianza con la izquierda, que empiezan a salir a la superficie.

S.H.: Hablemos del Estado de bienestar. Es evidente que en estos momentos la forma tradicional del Estado de bienestar debe ser modificada; por otro lado, asimismo es evidente que la privatización de la sanidad pública, de la educación pública y de la seguridad social conduce a una devastación muy radical de la sociedad. ¿Puede sobrevivir todavía el Estado de bienestar? ¿O tal vez sería factible reconstruirlo y darle la forma de una serie de instituciones ciudadanas, como modelo de desarrollo que crea la base de la reproducción social? Dicho de otro modo, ¿se trata simplemente de cómo pagar ese Estado de bienestar, o también de cómo conceptualizamos y hacemos operativas nuevas instituciones? ¿Cree que serían preguntas así las que se pondrían sobre la mesa en caso de que usted gobernara su país?

A.T.: El Estado de bienestar no es un regalo ni tampoco supone tirar el dinero. Es un sistema financiado por las contribuciones de los trabajadores y los empleadores, y por otro lado por los impuestos. Por lo tanto, es una forma de redistribución de la riqueza y, por ende, una señal de progreso social. Es evidente que el sistema del Estado de bienestar ha de ser productivo, debe proporcionar servicios decentes a los ciudadanos, trabajar de manera transparente, y no incurrir en gastos exagerados. Pero cuando crece la economía, como ocurrió en los decenios precedentes, se podría esperar y exigir una mejoría de los servicios sociales en lugar de que se redujeran gradualmente. Además, en países como Grecia, durante décadas los recursos del Estado de bienestar fueron saqueados de forma sistemática por parte de un sistema dominado por la corrupción política. La privatización de los servicios sociales no es positiva para nadie, con la sola excepción de los negocios que se preparan para saquear todos esos ámbitos: la educación, la sanidad o la seguridad social, y que exponen sus proyectos de privatización solamente pensando en los que tienen que pagar. La defensa del Estado de bienestar, la garantía de su sostenibilidad mediante una financiación justa, transparente y recíproca, es una exigencia clave de las fuerzas que defienden la cohesión social.

S.H.: Usted asistió recientemente al funeral de Hugo Chávez. ¿Para usted Latinoamérica es un modelo para Grecia? ¿Cuáles son los pasos concretos que Syriza daría o desearía dar a fin de avanzar por ese camino si logra formar Gobierno?

A.T.: La Venezuela de Chávez es un brillante ejemplo de un país que ha sabido combinar el crecimiento económico con la reducción de las desigualdades sociales. Chávez chocó frontalmente con poderosísimos intereses económicos, y ganó casi todas las batallas gracias a que gozaba de un amplio apoyo popular, y permaneció siempre comprometido con la democracia. Como es obvio, el caso venezolano es diferente del griego, ya que Venezuela tenía un problema de pobreza muchísimo más grave, y por otro lado contaba con una divisa propia, por lo que conservaba el poder de utilizarla en su política económica. Pero sigue siendo, pese a todo, un modelo para nosotros y para la izquierda de todo el mundo, en su idea de crear una economía social, un apoyo político para los más débiles, una política de crecimiento a partir del criterio básico de que deben primar los intereses del pueblo por encima de los de la pequeña oligarquía financiera. Chávez llevó a la práctica la frase «primero el pueblo, luego los beneficios», y nos convenció de que es posible cambiar el mundo.

S.H.: ¿Quiénes son los aliados de Syriza en Europa?

A.T.: En primer lugar, los miembros del Partido de la Izquierda Europea (IE). Los logros conseguidos por IE son valiosos, ya que superan la división entre estados poderosos y estados débiles en Europa. En la UE no hay un conflicto entre países, sino un conflicto entre el capital y los mercados por un lado, y los trabajadores por otro. También consideramos como nuestros aliados a todos los grupos políticos capaces de criticar de forma adecuada y progresista al neoliberalismo. Sin embargo, el pasado verano, cuando Syriza estuvo a punto de superar a los demás partidos griegos en las elecciones legislativas, pudimos comprobar que nuestros aliados son las sociedades, el pueblo, la gente normal de todos los países europeos. En aquel momento todo el mundo tenía el deseo y la esperanza de que la izquierda griega, la del país más devastado por el neoliberalismo, diera un primer paso hacia un cambio enorme en las correlaciones de fuerza en toda Europa. Seguimos en ese intento, y triunfaremos.

S.H.: En un reciente artículo publicado por el *New Statesman*, que ya ha provocado mucho debate, Slavoj Žižek afirma que lo que hoy necesitamos es «una Thatcher de la izquierda: un líder capaz de repetir el ademán thatcheriano pero en la dirección opuesta, un ademán que transforme todo el ámbito de los presupuestos compartidos por las élites políticas de todas las orientaciones principales». Por otro lado, Alain Badiou insiste en la «distancia respecto al Estado». Pareciera que volvemos a las viejas discusiones de los años sesenta, cuando Rudi Dutschke proponía «una larga marcha a través de las instituciones». ¿Cómo resolver este atasco?

¿Comparte usted alguna de estas dos posiciones? Y, si elegimos la de Žižek, ¿cómo conseguir un equilibrio entre lo que él propone y los actuales movimientos de protesta?

A.T.: Žižek siempre lanza mensajes directos y estimulantes. Lo que yo entiendo es su llamada a la izquierda pidiendo que recupere la hegemonía ideológica. Porque el que tiene en sus manos la hegemonía ideológica es quien coloca los raíles sobre los que se mueven los trenes. No sé si eso exige un líder o un regreso dinámico de las fuerzas sociales, la salida de la «muchedumbre» a la primera línea de combate. Chávez fue un líder insustituible, pero Mubarak fue rechazado por las muchedumbres. Sin embargo, hay una cosa sobre la que no me cabe la menor duda: para que la izquierda recupere la hegemonía tiene que dar lo mejor de sí misma, como fuerza revolucionaria y como fuerza reformista. Y eso significa que la izquierda tiene que ser activa y efectiva dentro y fuera de las instituciones.

S.H.: En este contexto, ¿cómo evitar el fracaso de la izquierda alemana y francesa, e incluso el de Los Verdes, que han acabado formando parte del establishment y, por tanto, perdiendo su potencial como fuerza impulsora de la emancipación? ¿Es todavía posible una coalición entre la izquierda y Los Verdes? ¿Qué actitud adopta Syriza al respecto?

A.T.: El problema ha sido siempre cómo acceder al poder sin permitir que el poder te cambie, te asimile. Eso es lo que ha ocurrido en toda Europa durante los últimos decenios. El poder hace que seas «realista», y en último término ese «realismo» te lleva a hacer concesiones y adoptar compromisos que te alejan de tus principios. Los Verdes alemanes creyeron que estaban ejerciendo una buena influencia en la agenda política, cuando de hecho habían sido plenamente asimilados por el sistema del poder político y económico. Con la crisis las cosas se están redefiniendo: en primer lugar, porque el neoliberalismo no aparece como el ganador que reivindica su triunfo en la guerra fría, sino como un sistema muy agresivo y destructivo. En segundo lugar, y esto es incluso más importante que lo anterior, porque las masas están alejándose rápidamente de un estado de apatía política en la que estuvieron inmersas durante decenios. En estas circunstancias, ya no es aceptable que sus representantes capitulen ante el sistema. En Grecia, Los Verdes no lograron siquiera establecerse como partido político, y ya están divididos en dos tendencias. Estamos abiertos a trabajar con todo aquel que tenga como objetivo claro la defensa de la sociedad frente al ataque del capital. En una alianza social amplia, las fuerzas de la ecología radical podrían desempeñar un papel importante.

S.H.: El principal obstáculo que debe superar la izquierda tal vez sea el de unir las izquierdas de cada Estado nación hasta integrarlas en organizaciones más amplias y más ambiciosas, sobre todo en los países desarrollados. Asumimos que el ascenso de Syriza, al igual que había ocurrido antes con los partidos de izquierdas más exitosos en general, fue orgánico. Sin embargo, en cada avance orgánico hay momentos y decisiones que son determinantes. ¿Cuáles fueron en su caso esos momentos y esas decisiones clave, para usted y para Syriza, sobre todo desde la perspectiva de brindar consejos útiles para las futuras actuaciones de la izquierda en otros países?

A.T: Creo que nosotros contábamos con un análisis acertado y convincente de la crisis, y fuimos capaces de predecir correctamente lo que iba a pasar con el memorándum. Hicimos hincapié en la dimensión clasista del memorándum, y también en el choque frontal que suponía el ataque de la política neoliberal contra la democracia. Pero lo principal fue que nos negamos a quedarnos tan satisfechos por la precisión de nuestra propia línea de análisis y actuación. Todo lo contrario. Hablamos siempre de una unidad amplia de fuerzas, más allá de las diferencias individuales, y lo dijimos en serio. Cuando se produjo el estallido de los numerosos movimientos espontáneos, dinámicos y masivos de resistencia social, no nos encerramos en la actitud de criticarlos desde nuestra pers-

pectiva, ni tampoco pretendimos explicarle a la gente qué debía
hacer. Lo que hicimos fue introducirnos en esos movimientos, y lo
hicimos con todas nuestras fuerzas; participamos en sus discusiones
planteando nuestras opiniones y escuchando las de los demás. Fue
así cómo la sociedad terminó reconociendo a Syriza como un aliado
político digno de confianza, coherente. Queda, naturalmente, un
largo camino por recorrer hasta convertir esa confianza en una relación política, porque sólo de este modo seremos más eficientes y
activos. La acción política no se detiene en ningún punto ni tiene un
final. El objetivo político de Syriza es muy claro y lo hemos expuesto públicamente: la abolición del memorándum. Esto hace muy fácil que Syriza pueda ser escuchada por la gente. Cuando alcance-
mos ese objetivo, lo reemplazaremos por otros, tal vez más complejos
e inmediatos. Cuanto más alto esté el listón, más firmes deben ser
las alianzas sociales que vayamos construyendo.

EL PAPEL DE LA IZQUIERDA EUROPEA*

Alexis Tsipras y Slavoj Žižek, con Srećko Horvat

Srećko Horvat: Croacia ingresa en la UE durante su peor crisis. ¿Podría decirnos, señor Tsipras, desde la perspectiva griega, qué puede esperar Croacia?

Alexis Tsipras: No estoy tan seguro como usted decía antes de que yo vaya a ser el primer ministro griego. Lo que sí sé es que si eso llegase a ocurrir nada sería igual, ni en Grecia ni en la Unión Europea. Por supuesto, no cambiará todo por el hecho de que haya un primer ministro de izquierdas, sino porque un partido radical de la izquierda tendrá el apoyo del pueblo y con ese apoyo podrá llevar a cabo cambios radicales en un país que durante estos años está sumido en una recesión muy profunda. Tras cinco años seguidos de recesión, Grecia atraviesa una depresión y una crisis humanitaria muy graves. Ya hemos perdido el 25 % del PIB; y tenemos un 30 % de paro oficial, que entre los jóvenes supera el 60 %. Todos estos programas fueron implementados debido a la crisis de la deuda. Pues bien, quiero decir al respecto que cuando la troika llegó a Grecia, la deuda pública era del 110 % del PIB, mientras que ahora alcanza ya el 160 % del PIB. A esto le llaman salvar a Grecia.

---

* Fragmentos de una conversación pública que se celebró en Zagreb el 15 de mayo de 2013, en el transcurso de la sexta edición del Festival Subversivo. Puede verse y escucharse el debate completo en: <http://www.youtube.com/watch?v=aUh96oXYt18>.

Han salvado los bancos y han destruido la sociedad. Y naturalmente, la gran pregunta ahora es: ¿cómo vamos a cambiar esta situación? Permítaseme primero resumir nuestro análisis en unos pocos puntos: no creemos que esto sea accidental, creemos que es una situación que perseguía un objetivo, que eligieron a Grecia como conejillo de Indias donde aplicar la versión más dura de la política neoliberal, una versión que hasta entonces jamás se había puesto en práctica en Europa. Tal vez haya habido algo parecido en Chile, con Pinochet, que aplicó un programa de austeridad de inspiración neoliberal que era pura barbarie. ¿Por qué hicieron lo que hicieron en Grecia? Por dos motivos: querían, y siguen queriendo, establecer un paradigma que sirva para los demás países europeos, en primer lugar; y, en segundo, porque tienen un objetivo, una meta que consiste en quedarse con todos los bienes públicos, privatizarlo todo, y así ganar mucho dinero. ¿Qué decían al comienzo? Sostenían que el problema era que los griegos son muy vagos y responsables de la situación en la que se encuentra el país; según ellos, el responsable era el pueblo griego; no lo eran los bancos, no lo eran los banqueros que habían estado dando créditos a mansalva pese a saber que sería muy difícil devolver los préstamos. Y al mismo tiempo insisten en que los griegos somos unos perezosos, y tratan de aplicarnos la llamada «doctrina del shock», por decirlo con la frase de Naomi Klein. Así pues el asunto consiste en que al cabo de unos meses tuvieron que dar explicaciones, contarnos por qué ese problema no se producía sólo en Grecia sino también en Portugal y en España, en Italia y en Irlanda... ¿Ahora resulta que todos los habitantes de la periferia europea son unos perezosos?

Claro está: hubo un momento en que esos pueblos tachados de perezosos comenzaron a reaccionar. Se produjeron las ocupaciones de las plazas, la gente salió a las calles, manifestándose y tratando de reaccionar contra esas políticas, y en Grecia hubo algunas manifestaciones gigantescas que obtuvieron algunos resultados específicos. Primero cayó el Gobierno de Papandréu; luego, el Gobierno de Papademos; y en tercer lugar, hace un año, hubo una verdadera confrontación y, por vez primera, un partido radical de la izquierda estuvo a punto de tomar el poder en el corazón de la

eurozona. En la campaña electoral no sólo plantamos cara al partido conservador de Samarás, sino también al conjunto del sistema
financiero europeo, y nuestro partido no estuvo solo, ya que contó
con el apoyo del pueblo. Recordarán muchos de los presentes aquí
que incluso hubo periódicos alemanes publicados en lengua griega que nos acusaron de ser unos «demagogos» y de afirmar de manera injustificada que todo iba a ser muy fácil. La gente sabe muy
bien lo dificilísimo que es todo hoy; pero al mismo tiempo también
sabe que ya es bastante difícil permanecer en la situación actual.
Grecia se encuentra cada día más deteriorada, pero nosotros hemos podido demostrar que nuestro análisis era correcto. En primer
lugar, la crisis griega no es una crisis que sólo se conjuga en nuestro
idioma. Es una crisis estructural del capitalismo y del neoliberalismo. Nosotros creemos que el problema no reside en que los griegos seamos perezosos, sino en que vivimos al final del callejón sin
salida del proyecto neoliberal europeo; vivimos en el punto crucial
de la crisis global del capitalismo de casino, y Europa entera se encuentra ahora en esa encrucijada. Ésta no es la Europa de los pueblos, sino la Europa alemana de los mercados especuladores. Dicen a menudo que Syriza y yo, personalmente, somos una peligrosa
amenaza para Europa, y yo quiero replicar que no es Syriza lo que
supone una amenaza contra Europa, que la amenaza es Alemania y
la propia Merkel, y la hegemonía que ejerce en toda Europa. La solución vendrá a través de la cooperación de los pueblos de todos los
países europeos, los de la periferia y los del centro, porque la actual confrontación no es la que opone a los pueblos y las naciones,
sino que se trata de una guerra entre las fuerzas trabajadoras por
un lado, y las fuerzas capitalistas por otro. Por eso creo que veremos emerger muy pronto una primavera radical europea que supondrá un cambio asimismo radical. Si hace dos años se hubiera
preguntado si existía la más remota posibilidad de que los países
árabes vivieran un movimiento de resistencia y cambio frente a los
regímenes entonces dominantes, todo el mundo habría dicho que
no. Lo mismo podríamos decir ahora: nadie cree que la situación
europea pueda cambiar. Pero, del mismo modo que hubo una Primavera Árabe, necesitamos una Primavera Mediterránea.

S.H.: Slavoj, tú también eres de la periferia, de Eslovenia. En tu país vimos algunas señales, creo que podríamos llamarlo así, de una Primavera Mediterránea. La fuerza del movimiento Occupy, las protestas organizadas por los sindicatos, etcétera. Fuiste uno de los primeros hombres de la izquierda en apoyar públicamente a Alexis Tsipras durante la campaña para las elecciones griegas de 2012. ¿Por qué apoyas a Syriza y por qué crees que Syriza también es importante para todo el resto de Europa?

Slavoj Žižek: Es una pregunta preciosa y querría responder con mucha precisión. Alexis Tsipras ha dicho ya que si Syriza ganase nada sería igual en Europa nunca más. Yo suscribo esas palabras literalmente. ¿En qué sentido? No simpatizo con Al Gore, el exvicepresidente estadounidense que fingía ser ecologista, pero admito que al menos tenía alguna clase de inquietud, de actitud. Recordemos que todo el mundo confiaba en que fuera presidente después de Clinton. Por ese motivo, en cierta ocasión demostró una notable capacidad de ironía cuando dijo que él era «el tipo que una vez fue el futuro presidente estadounidense». Y ése es el dilema que veo en este asunto que estamos tratando. Si Syriza gana, en un movimiento mágicamente retroactivo la historia entera será leída como una flecha que señalaba hacia el momento de la victoria de Syriza. Éste será el elemento mágico de la cuestión. Por eso todo el establishment europeo tiene miedo de que haya un Gobierno de Syriza. Porque si Syriza gana y hace ciertas cosas, eso supondrá el punto final de determinadas visiones conservadoras europeas. En concreto, ¿si Syriza hace qué cosa? El combate que Syriza está librando es el combate en defensa del alma de Europa. Y en esto me declaro, y no me da ninguna vergüenza hacerlo, eurocentrista. De acuerdo, está muy bien, si nos ponemos políticamente correctos, eso de echarle a Europa la culpa de todo: del imperialismo, el colonialismo, la esclavitud... Pero, por Dios, Europa le dio a la humanidad una cosa maravillosa, y eso debe hacer que nos sintamos orgullosos; me refiero a la idea del igualitarismo radical, de la democracia radical, del feminismo, etcétera. Ya que todo eso se encuentra situado en el corazón mismo de la identidad europea.

Y eso es lo que hoy en día está en juego. Así que, en relación con lo que ha dicho Alexis cuando se preguntaba quién representa el verdadero peligro, si son los actuales defensores de Europa, los tecnócratas de Bruselas o los nacionalismos que combaten contra los inmigrantes, yo digo que todos ellos son la amenaza en contra de aquella herencia europea por la que vale la pena luchar. Ellos son el verdadero peligro para Europa. Imaginemos una Europa, y hablo de una de las posibilidades existentes, en la que se combina el neoliberalismo económico con las fuerzas del populismo que ataca a la inmigración: imaginemos esa Europa. ¡Ya no sería Europa! Por eso no debemos decir que Syriza defiende a los marginados y a los excluidos. No, ¡Syriza defiende a Europa! ¡Syriza defiende aquello de lo que deberíamos sentirnos orgullosos como europeos! En segundo lugar, no aceptemos toda esa retórica que afirma que Syriza es un experimento peligroso: Syriza es, por decirlo de una manera simple, la voz de la razón verdadera, la voz de la moderación y del realismo. Los que pretenden llevar a cabo experimentos muy peligrosos son los que ahora ocupan el poder, y ésta es la lección que nos ha dado esta crisis financiera. Incluso los que critican a Syriza desde Occidente y tratan de convencernos de que Syriza saca partido del sentimiento antieuropeísta..., dios mío, me acuerdo del último congreso electoral de Nueva Democracia, de lo escandalizado que me sentí cuando oí que culpaban a Syriza de todo lo que sus enemigos están haciendo. Recuerdo a una señora que alzó la voz para decir: «¿Y quiénes son los alemanes para darnos lecciones? ¡Pero si nosotros ya teníamos a Esquilo y a Sófocles cuando los germanos aún jugaban al fútbol con cabezas humanas!». Ahí vemos la hipocresía europea en estado puro: la UE dio pleno apoyo a Nueva Democracia, y al mismo tiempo hablan de la corrupción como un problema griego. Por favor, ¡pero si Nueva Democracia es la encarnación de lo que llamamos el clientelismo griego! Dices que estás en contra de la corrupción, pero apoyas al partido que alberga en su seno esa corrupción.

Bien, pues, ¿por qué Syriza? Mirad, hay una situación que me pone muy triste cuando echo una ojeada a la historia de la llamada izquierda radical, algo que muestra que hay aspectos muy honora-

bles pero que todo eso también tiene sus límites. Llamémoslo la
historia Lula-Mandela. Un movimiento de radicalismo notable, al
menos en potencia, asume el poder y, básicamente, acepta el juego
del capital internacional. No les echo la culpa. En primer lugar, siguiendo ese camino se pueden obtener ciertos resultados, aunque
sean limitados. Así, Lula hizo unas cuantas cosas buenas. Deberíamos también preguntar con franqueza a los que acusan a Mandela
y al Congreso Nacional Africano de no haber introducido el socialismo. ¿Acaso eso no habría conducido a una catástrofe económica
debido a la reacción que habría provocado probablemente en los
mercados internacionales? De manera que tenemos por un lado lo
que podríamos denominar el juego de Tony Blair: aceptamos en
lo esencial el juego neoliberal, pero tratamos al menos de hacer
más esfuerzos en favor de la sanidad pública, etcétera. O como decía Peter Mandelson, a quien Tony Blair llamaba el Príncipe Negro: «En economía somos todos thatcheristas, la diferencia está en
nuestras políticas sociales». Por otro lado, siento la tentación de
mencionar aquí el peor de todos los casos, el de una izquierda radical que toma el poder o que a veces prefiere ni siquiera tomar el
poder, de modo que cuando todo vaya mal se reserve el derecho de
escribir libros y explicar con todo detalle por qué las cosas fueron
tan mal. Hay en teoría cierto masoquismo profundamente arraiga-
do en la izquierda radical. Los mejores libros sobre la izquierda
radical son historias convincentes del fracaso. En Trotski y sus libros, qué fue lo que falló con Stalin. Pues bien, lo que hace que
Syriza sea única es que rechaza esa falsa elección: por un lado, se
trata de una izquierda real con principios propios de la izquierda;
por otro lado, tiene la valentía de querer tomar el poder. Y, como
decía Alexis, todo el mundo es consciente de que la situación es
dificilísima.

   Imaginemos una victoria de Syriza: Grecia cuenta con un gran
Estado clientelista que se vería amenazado por Syriza. Y, sin embargo, al mismo tiempo hay esperanza. ¿Por qué? Hace un par de
meses, cuando me encontraba en Londres, leí en el *Financial Times*
un comentario muy ingenuo y muy sincero suscrito por uno de sus
articulistas neoliberales, que decía: «Un momento de atención, por

favor. La gente dice que Tsipras es un izquierdista chalado; y sin embargo parece ser uno de los pocos europeos que habla de forma razonable». Y aquí llegamos a la cuestión central, que también ha desarrollado el economista griego Yanis Varoufakis: en Europa está ocurriendo algo muy peligroso, por decirlo en términos muy anticuados, creo que la élite política europea está perdiendo progresivamente sus posibilidades de gobernar. En otros países, y pese a todos los compromisos, Obama está gobernando; Europa, en cambio, ha perdido la brújula. Nosotros, los de izquierdas, teníamos en los años cincuenta aquel sueño ridículo en el cual veíamos que, en un punto a mitad de camino entre Washington y Wall Street, se reunían los poderosos de verdad, los grandes capitalistas, el comité secreto, los que lo deciden todo. Considerando la Europa actual, me atrevo a decir que ojalá existiera al menos esa clase de comité secreto formado por unas personas que supieran lo que se traían entre manos. Porque no lo hay. Y es por esta razón que la tarea futura de Syriza no consiste en tomar no sé qué tipo de enloquecidas medidas radicales, sino en adoptar ciertas medidas muy pragmáticas y decisivas que tendrán consecuencias muy radicales, que volverán a implantar la racionalidad, que darán esperanzas a la gente, que estabilizarán la situación, y así sucesivamente.

Porque la gente dice a menudo, sobre todo en relación con la ecología, que sólo pensamos en el beneficio, que somos demasiado utilitarios, poco éticos, que deberíamos adoptar una actitud moral. Pero, alto ahí, el capitalismo actual no es utilitario, desde un punto de vista de la utilidad, el capitalismo actual es una pesadilla utópica que nos está conduciendo a todos a la ruina. Sospecho cada vez con mayor certidumbre que en realidad todas estas políticas de austeridad no son una política racional, sino que se basan en mitologías. Por ejemplo, ¿en qué consiste la idea de austeridad? Claro, todo eso de que «sólo puedes gastar aquello que produces», etcétera, que es lo que decía mi abuela, eso es sabiduría popular. En la economía real las cosas no funcionan así. O esa otra idea de que si tienes una deuda, has de pagarla. La historia de Estados Unidos a lo ancho y largo de los últimos cuarenta años es una demostración de que te puede ir muy bien durante muchísimos años sin pagar lo que debes. Lo que trato de decir es que deberíamos prestar un poco más de atención a la irracionalidad del actual sistema globalizado, que está profundamente inscrita en nuestras reacciones cotidianas. No acepto en modo alguno todo lo que anda diciendo Paul Krugman, pero en una ocasión dio una respuesta ingeniosa al explicar qué es lo que no funcionó bien en 2008. Le preguntaron qué opinaba sobre lo que hubiese ocurrido de haber sabido, con muchos años de antelación, todo lo que iba a pasar. A lo cual él respondió: «Nada, todo habría sido igual». Y ésa es la tragedia del capitalismo de nuestros días: incluso sabiendo que son autoengaños, actuamos de acuerdo con esas ideas, como si no nos enterásemos de lo que son. Repito, entonces, que Syriza no es un fenómeno griego. Syriza es una de las escasas señales de esperanza que tenemos hoy para toda Europa. Lo podemos ver con claridad si comparamos Syriza con otros países europeos en los que también ha habido protestas. Siento toda la simpatía del mundo por los españoles, pero basta mirar el programa de «los indignados» para encontrar frases como «queremos que el dinero sirva al pueblo y no que el pueblo sirva al dinero». ¡No te fastidia! Hasta los nazis lo habrían suscrito. ¿Qué quiero decir? No basta con este punto de vista basado en un sentimiento humanitario generalizado. Recuerdo a todos que hay otros movimientos de protesta, los hay en París o en Londres, pero Syriza es el único que ha provocado que esta movilización negativa («estoy harto», «las cosas no pueden seguir así») dé un paso más hacia un movimiento político organizado. Por esta razón creo que Syriza es uno de los pocos faros cuya luz brilla hoy intensamente en Europa. Y para ver el estado de opinión de la gente, cuando quieres saber qué piensa sobre Europa, lo mejor es preguntar qué piensa sobre Syriza. Si no está a favor de Syriza, desde mi punto de vista del futuro democrático, a toda esa gente habría que darles un billete en primera clase hacia el Gulag.

S.H.: Señor Tsipras, ha mencionado usted varios temas que podrían ser interesantes para el desarrollo de nuestra discusión. Por un lado, que los líderes europeos han perdido por completo la orientación y que, además de las medidas de austeridad, no tienen ningún otro modelo aplicable con vistas a conseguir el pleno empleo, la reindustrialización, etcétera. Por otro lado, antes hablábamos de Lula. Y usted ha acudido recientemente al funeral de Chávez. Es más, en una entrevista mencionó que, tras el colapso de 2001, Argentina podría ser un modelo para Grecia. De modo que mis preguntas tienen que ver con el viejo interrogante leninista, y algunas más. Por lo tanto, «¿qué hacer?», y también, ¿cuáles serían las medidas y pasos concretos que Syriza adoptaría si formase Gobierno? Ha dicho usted alguna vez que el ejemplo de Alemania, cuando después de la Segunda Guerra Mundial consiguió que se le cancelara la deuda, podría ser un buen modelo para Grecia. Y tal vez podría explicarlo con mayor amplitud porque el asunto de la deuda resulta también pertinente para Croacia. En realidad querría preguntar específicamente, ¿qué podría hacer la izquierda institucionalizada, Syriza en particular, si alcanzara el poder?

A.T.: Para empezar, creo que la situación de Grecia se parece a la de Alemania, pero no la que vivió después de la Segunda Guerra Mundial, sino tras la Primera. Entonces el problema no era nuestro memorándum, sino el Tratado de Weimar;[75] pero también se trataba de un programa fiscal muy duro y un programa de ajustes, y todo eso dio lugar a la aparición de los nazis. Y ése es el gran peligro para Grecia. La situación griega tiene dos caras: la primera es la de la esperanza que surgió con Syriza; pero hay una segunda cara, la del terror producido por Aurora Dorada. Tienen ya el 10 % de los votos. Debemos entender que todos esos programas de austeridad tienen como consecuencia el terror neonazi, y esto hay que pararlo, y tenemos que aprender de una Europa no tan alejada de nosotros, aprender de lo que pasó en Europa cuando se produjo la crisis de 1929, y también acordarnos de lo que ocurrió entonces al otro lado del Atlántico... Ellos tuvieron el New Deal mientras que en Europa central sufrimos una recesión: y ahí está la diferencia.

75. Alexis Tsipras se refiere al Tratado de Versalles, que se firmó en 1919 y supuso el fin oficial de la Primera Guerra Mundial. *(N. de la E.)*

Me preguntas sobre lo que haríamos nosotros, y has mencionado las similitudes con la Argentina del corralito. Hay, también, diferencias. Nosotros, por ejemplo, no tenemos una divisa propia con un valor vinculado a otra divisa, como pasó allí. Los argentinos tenían el peso conectado al dólar. Nosotros no tenemos el dracma conectado al euro, tenemos el euro. No tenemos más que el euro. Para un Gobierno radical de izquierdas la mayor dificultad, en caso de que Grecia saliera del euro, sería precisamente eso: que nuestra moneda nacional quedaría tan devaluadísima que cualquiera que tuviese euros podría comprarlo todo. Ésta es una diferencia clave con Argentina. Naturalmente, hay aspectos de nuestra economía que nosotros podríamos reforzar con la acción de gobierno. Nuestra arma nuclear es que somos miembros de la eurozona. Nuestra desventaja por el hecho de no tener moneda propia se convierte al mismo tiempo en nuestra ventaja, porque eso nos hace participar en la eurozona, en el euro, y el euro es una cadena que ata entre sí a diecisiete países. Si se rompiera un eslabón, la cadena se rompería del todo. Y esto sería como una bomba nuclear si un Gobierno tuviera las agallas necesarias, si el Gobierno negociara a nivel europeo para conseguir lo mejor para el pueblo. En Grecia no hemos tenido nunca un Gobierno que haya tratado de negociar los programas de recortes; nuestros Gobiernos sólo han intentado aplicar lo que se les ordenaba que hicieran, porque creían en eso que decía Thatcher: «No hay alternativa». Y, claro, si no hay alternativa no queda otro remedio que optar por la demolición, la recesión, nada que no sea perder la dignidad, perder la soberanía del pueblo, y eso es el desastre en el que ahora ha caído Grecia.

¿Que cuáles serían los primeros pasos de un Gobierno de la izquierda radical? En primer lugar, como decía antes, cambiaría todo, porque la política consiste en un equilibrio de poderes. Si un Gobierno radical tomara el poder en el corazón mismo de la eurozona, en este país o en aquel, nada volvería a ser igual. Si hubiésemos ganado las elecciones de junio de 2012 habríamos llevado nuestras promesas a la práctica: rechazo del memorándum, recuperación de la demanda activa. Trataríamos de redistribuir la riqueza, intentaríamos hacer que pagasen impuestos los que no los pagan, como los grandes armadores, etcétera, porque Grecia es un caso especial. Es sabido que durante los últimos diez años estábamos un 4 % por debajo de la media europea en ingresos públicos. ¿Por qué? No era porque los obreros y las clases medias no pagaran sus impuestos, sino porque quienes no los pagaban eran los ricos. Nosotros lanzaríamos un plan de estabilización y lo haríamos tratando de obtener dinero de los ricos y dándoselo a los más desfavorecidos. Sé que eso es difícil porque vivimos en un mundo globalizado y formamos parte de la Unión Europea, y no será fácil llevar a cabo cambios radicales si no hay también cambios radicales a nivel europeo. Por eso decía que habrá un gran enfrentamiento entre el Gobierno de izquierdas y los demás socios europeos. Ésta es la razón por la cual creo que necesitamos alianzas. Nuestros mejores aliados son los pueblos de Europa, no sólo los del Sur, sino los del Sur y al mismo tiempo los del Norte.

Todo sería muy diferente si Merkel decidiera no implementar programas de austeridad en el Sur, en la periferia; si, en lugar de eso, elevara los salarios de los alemanes, del Norte. Los déficits del Sur son a la vez los superávits del Norte. Creo que si cambian los equilibrios de poder, podría transformarse la situación europea. Nosotros podríamos aplicar, a modo de solución, las propuestas que han realizado algunos economistas progresistas, como Varoufakis o Stuart Holland, sobre todo si obtuviéramos el apoyo de los pueblos europeos, en especial de los del Sur y los países periféricos. Habría que, de acuerdo con estos economistas, convocar una Cumbre Europea sobre el tema de la deuda pública, como la cumbre que se celebró en Londres en el año 1953. ¿Cómo se produjo el milagro económico alemán después de la Segunda Guerra Mundial? Hubo una cumbre internacional en Londres donde se decidió la cancelación de una parte muy importante de la deuda alemana, en torno al 60 %, y se aprobó una moratoria para el pago del resto de la deuda, vinculando ese pago al crecimiento: Alemania tenía que pagar si crecía, y si no crecía no tenía que pagar. Y es así como Alemania ha terminado ocupando esa posición hegemónica que ocupa ahora en toda Europa. Por lo tanto, creemos que ésta es la solución europea, la solución que seguro que no va a fallar. Y si no es así, Europa no tiene futuro.

S.H.: Preguntemos primero quiénes podrían ser los aliados en potencia en este combate. Y, en segundo lugar, como sabemos que Alexis Tsipras es un gran aficionado al fútbol, digámoslo en lenguaje futbolístico, ¿qué pasaría si nosotros tuviésemos la posesión del balón? Recordando la experiencia de la izquierda alemana y la de Los Verdes alemanes después del 68, y me refiero al momento en el que entraron en las instituciones, ¿no será que vamos a enfrentarnos otra vez al dilema de Rudi Dutschke, a aquello de «la larga marcha a través de las instituciones»? Por tanto, lo que me gustaría saber es, si Syriza lograse tener la posesión del balón, ¿cómo podríamos evitar los errores del pasado?

S.Z.: Responderé brevemente a la segunda de tus preguntas. De hecho, hay una diferencia enorme en cuanto a la situación básica. Después del 68, cuando el partido verde alemán entró en el Parlamento, ni el capitalismo ni el Estado de bienestar se encontraban como ahora en plena crisis; aún quedaba por delante un enorme campo de oportunidades. En cambio, hoy en día está presente la crisis sistémica, y por eso el regreso del viejo Estado de bienestar no es una solución. Y también estoy de acuerdo con Alexis Tsipras cuando ha insinuado, con muchísima sutileza, que por muy grandes que sean nuestras simpatías con América Latina, yo no me creo esa cosa simplista tan típica de la izquierda europea, aquello de «mirad, Europa está en crisis, mientras que América Latina va bien; así que lo que tenemos que hacer es seguir la vía latinoamericana». Las cosas no son tan sencillas. Lo que trato de subrayar, como has señalado antes correctamente, es el asunto ese de las alianzas. Lo que diré es un viejo lema mío, que he dicho muchas veces, pero que voy a repetir aquí. A mí no me fascinan las grandes revoluciones, ya sabéis, eso del millón de personas en la plaza Tahrir, esa especie de orgasmo colectivo, y es cierto que gritamos todos con ellos y estuvimos todos juntos allí, sí, magnífico, pero para mí la pregunta importante es: ¿y qué pasa a la mañana siguiente?

Puedo imaginar el triunfo, cómo sería tu victoria, Alexis; si ganas, Atenas entera llorará de alegría. Pero ¿y luego? Lo que me interesa a mí y lo que te interesa a ti, porque eres un tipo serio, es: ¿qué significará tu victoria en las vidas de la gente corriente cuando la vida vuelva a la normalidad? Y aquí importa lo que señalabais antes: es cuestión de establecer alianzas inteligentes.

Y hay otra cosa, algo que has dicho y que podría no interpretarse bien: lo de querer tomar de los ricos y devolvérselo a los pobres. Porque todos sabemos que no es cuestión de efectuar esta simple redistribución, y en esto tenemos que ser muy cautelosos. Debido a que seguiremos viviendo, al menos durante unos decenios, en el capitalismo, voy a proponer —y lamento mucho tener que utilizar una expresión horrorosa— aquello que en los viejos tiempos del comunismo entraba en esa categoría bastante misteriosa de los llamados capitalistas «de la burguesía patriótica», esos que debido a su situación no forman parte de la mafia explotadora internacional, sino que tienen verdadero interés en producir para el pueblo, etcétera, etcétera. Bien, creo que resulta crucial que en relación con esas intenciones redistributivas a las que te referías, no se pretenda darles un buen golpe a todos los ricos, sino que estemos hablando de una estrategia preparada con meticulosidad. Aunque pueda parecer una locura, mi sueño acerca de lo que Syriza podría hacer sería: dentro del marco global de redistribución, habría que permitir que la vida fuese fácil incluso para los capitalistas, me refiero a los que fuesen verdaderamente productivos. El problema de Grecia es muy específico, pues se trata del vínculo que ata al clientelismo de Estado con la banca internacional, una situación que todos los economistas inteligentes te dirán que es muy mala incluso para la clase local realmente productiva. Para mí eso sería, e insisto en que tal vez sea una locura, el auténtico triunfo de Syriza. Syriza no va a ser buena sólo para los trabajadores; si tú eres un capitalista bueno y honesto, ¡vótanos también! Y, Alexis, estoy perfectamente dispuesto a ir contigo y ser la voz de los capitalistas en Syriza.

En segundo lugar, es muy importante lo que has dicho sobre Aurora Dorada. No se trata de una peculiaridad griega, no es eso de «¡vaya con los griegos, menudos estúpidos, como no habéis encontrado la salida, ahora emprendéis la huida hacia el fascismo!». No lo es porque creo que Aurora Dorada forma parte de una tendencia general que vemos en toda Europa: en Croacia, donde hoy nos encontramos, y también en Eslovenia... El discurso público está cambiando, la Iglesia católica celebra aquí el aniversario de Ante Pavelić, etcétera. Y, generalizando, he notado que en los últimos decenios ha habido cierta reescritura de la Segunda Guerra Mundial, y hay muchos historiadores conservadores, como Niall Ferguson, que ahora andan diciendo que no fue tan simple eso de que ganaron los buenos, que todo fue muy ambiguo, y acompañando a esta revisión encontramos la rehabilitación del fascismo menos duro. Te dicen que, de acuerdo, Hitler era malo, pero a lo mejor Mussolini y Franco no lo eran tanto, etcétera. Se trata de una tendencia general, y eso es lo que me preocupa: ocurren cosas que hubieran sido impensables en Europa hace treinta años, porque entonces existía un pacto que decía que Europa había sido fundada sobre la base del antifascismo, y por eso nadie hablaba con los sucesores de los partidos fascistas; pero ahora todo eso está cambiando.

Y, en tercer lugar, quiero decir algo sobre los bancos. Por un lado, no habría que convertir a los bancos en fetiches. La economía dinámica actual necesita de los bancos. La idea seudokeynesiana de *Not Wall Street, but Main Street* es demasiado simple. Digo que los bancos en sí no son un problema. Pero si vamos al asunto de la deuda, lo que las teorías defensoras de las medidas de austeridad están tratando de vendernos es que ellos trabajan mucho, y que nosotros pedimos créditos y luego no queremos pagar. Pero si miramos más de cerca y nos fijamos en cómo funcionan las cosas en los países que están endeudados, la situación es muy diferente de como nos la pintan. De hecho, el 70 %, el 80 % del dinero es especulativo, es dinero virtual, no está basado en riqueza real, etcétera. Veamos, por ejemplo, lo de Islandia. Un par de especuladores privados se las arreglaron para arruinar a todo el Estado. Creo que tarde o temprano tendremos que enfrentarnos al problema, es decir, que incluso poniéndose al servicio de la producción capitalista, el actual sistema bancario no es capaz de desempeñar su función dinamizadora. No puedo dar una respuesta precisa, pero creo que habrá que llevar a cabo algún tipo de regulación estatal y popular de la banca. Si se permite que los bancos funcionen como están funcionando ahora, a largo plazo van a constituir un obstáculo incluso para la propia reproducción capitalista.

De manera que en este ámbito, como has dicho, necesitamos una serie de amplias alianzas heterodoxas, y será crucial convencer a la gente de que Syriza no se limitará a llevar a cabo una revolución izquierdista en plan alocado. Syriza debería incluso modernizar el Estado griego, hacer que sea más eficiente, hacer incluso que sea mucho más «burgués». Y ahí Syriza tiene una oportunidad: vais a tener que hacer ese trabajo decente que la clase dominante capitalista fue incapaz de realizar por sí misma. Y, como también decías, vais a tener que actuar con mucha sabiduría. Porque tendréis que evitar esa tentación típica de la ortodoxia izquierdista, eso de «no traicionemos nuestros principios, seamos radicales». Supongo que te has fijado en que durante el último decenio la izquierda radical —y por eso te admiro— no quería, por mucho que tratara de ocultarlo, en realidad no quería llegar al poder, todos esos políticos preferían seguir siendo unos profetas negativos. Tú tienes una oportunidad única; yo soy ateo, pero como ateo te voy a decir que nuestras plegarias te acompañarán a lo largo de todo el camino.

S.H.: Me gustaría regresar a lo que antes señalaba Slavoj: el día después. Syriza es una coalición muy amplia, porque de hecho ha conseguido librarse de ese problema clásico de todos los grupos izquierdistas: el fraccionamiento. Hay un gran artículo de Georg Lukács titulado «Hotel Abgrund». En un hotel están todos los izquierdistas bebiendo vino o peleándose los unos con los otros, y sin embargo el abismo está muy cerca. Creo que Syriza se dio cuenta de la proximidad del abismo, y ha logrado librarse de las típicas divisiones internas. Quiero preguntar primero por este trabajo tan duro, ¿cómo se llevó a cabo, cómo se llegó a esta coalición tan amplia? Es más, cuando nos vimos en Atenas hace dos o tres semanas, me comentó usted que Syriza ha ido dejando de ser una coalición para convertirse en un partido. ¿Cómo se consigue eso?

A.T.: Para ser sincero, he de reconocer que no sabemos cómo ocurrió. Creo que no fue Syriza misma la que provocó este cambio; el cambio lo hizo la gente. Hace un año, antes de las primeras elecciones de mayo de 2012, estuvimos discutiendo cómo presentarnos a los comicios, y yo tuve la sensación de que algo iba a cambiar, y claro, teníamos esa locura, el sueño que decía que estábamos cerca del poder. Y entonces propusimos a nuestros camaradas introducir un cambio en los documentos que debes registrar para poder presentarte a las elecciones, al sugerir que era mejor hacerlo como un partido en lugar de como una coalición. Únicamente porque la ley no concedía a una coalición ese complemento de 50 diputados adicionales si llegaba a ser la lista más votada. La ley griega es una locura, pero es así. Por eso tenemos sólo 71 diputados a pesar de que sacamos solamente un 2 % menos que el partido más votado. Por lo tanto propuse cambiar la documentación oficial, de manera que, si salíamos vencedores, tendríamos 50 escaños adicionales. Y nadie pensó allí que yo me había vuelto loco; todos, y yo también, todos pensábamos que teníamos una posibilidad real de estar muy cerca del poder. Si hubiese hecho esa misma propuesta pero planteándola como la necesidad de unificar, de convertir la coalición en una fuerza unificada antes de las elecciones, nadie lo hubiese aceptado.

Pero el día de las elecciones fueron los votantes, fue el pueblo, quien nos dio la orden de llevar a cabo esta transformación, de convertirnos en la principal fuerza política y tratar de unir a todas las izquierdas, y no sólo a las izquierdas. Si miramos los resultados electorales veremos una gran división, una división de clases y una división por edades. A nosotros nos votaron los jóvenes, los trabajadores y la clase media; en las zonas obreras de Grecia obtuvimos el 40 %; en las zonas burguesas, el 15 %; y en cuanto a las edades, alcanzamos el 45 % entre los electores cuya edad se situaba entre 18 y 45 años, y el 15 % entre los mayores de 60. Durante la campaña decíamos en broma: para poder ganar, deberíamos encerrar bajo llave a nuestras abuelas y nuestros abuelos. Esto supuso una gran transformación de lo que la gente piensa. Por eso creo que Syriza no supone un giro de la mayoría de la gente hacia la izquierda radical, sino un cambio radical de la gente que intenta dejar de creer políticamente lo que exigen los tabús políticos; la gente quería que hubiese un cambio grande y radical y ha confiando en nosotros porque piensa que somos la única fuerza política griega que hará lo que ha prometido hacer, la única que tendrá las manos libres. Nadie espera que Syriza cambie la situación de repente, pero todos esperan que no cambiemos nuestras posiciones por duros que sean los ataques que nos lanzan nuestros enemigos.

Para la composición del texto se han utilizado tipos de la familia Sabon, a cuerpo 11,5 sobre 13,5. Diseñada por Jan Tschichold en 1967, esta fuente se caracteriza por su magnífica legibilidad y sus formas muy clásicas, pues Tschichold se inspiró para sus diseños en la tipografía creada por Claude Garamond en el siglo XVI.

Este libro fue maquetado en los talleres gama, s. l.
Fue impreso y encuadernado para Los libros del lince por Thau, s. l., en Barcelona.

Impreso en España / *Printed in Spain*

Los libros del lince

Algunos títulos publicados en nuestras colecciones de no ficción

Jason Webster, *La montaña sagrada. Un viaje hacia la autenticidad, la lentitud, el silencio y las leyendas de un paraíso perdido*

«Entretenido, accesible y sincero». *The Guardian*

«Mira a los españoles sin paternalismo y con simpatía, al igual que *Entre limones*, de Chris Stewart; pero el libro de Webster es incluso mejor». *Sunday Telegraph*

Marcel Coderch y Núria Almiron, *El espejismo nuclear. Por qué la energía nuclear no es la solución, sino parte del problema*. 2.ª edición.

«Un ensayo científico que atrapa como un thriller». Manuel Rivas

Terry Gould, *Matar a un periodista. El peligroso oficio de informar*
Premio José María Portell a la Libertad de Expresión.

«Un título que considero imprescindible. Porque los buenos periodistas que mueren por contar la verdad mueren por nosotros». Maruja Torres, *El País Semanal*

Javier Marías, *Los villanos de la nación. Letras de política y sociedad*

«En 2010 publiqué una recopilación de ochenta y cuatro artículos de índole política y social (compuestos entre 1985 y 2009) titulada *Los villanos de la nación*, y ese título era el de una pieza en la que calificaba de tales justamente a los constructores, a los alcaldes y a los consejeros autonómicos... Le rogaría [a Antonio Muñoz Molina] que mirara un poco mejor la hemeroteca, quizá vería que sus "colegas" no lo hemos hecho tan mal ni hemos perdido del todo "el espíritu crítico" en los años de la distracción». Javier Marías, *El País*

Joe Bageant, *Crónicas de la América profunda*

«Bageant es brillante». Howard Zinn

«Escritas con la lacerante furia de un Hunter S. Thompson, sus crónicas son tan acerbamente divertidas que a su lado Michael Moore parece soso». *Entertainment Weekly*

Margarita Boladeras, *El derecho a no sufrir. Argumentos para la legalización de la eutanasia*

«Los profesionales de la salud aprendemos de ellos [los filósofos especializados en bioética] continuamente y nos hemos acostumbrado a su enriquecedora compañía; son ya amigos que sentamos a nuestra mesa, en el comité de nuestro hospital. La sociedad ve en ellos, además, una garantía de rigor intelectual». Marc Antoni Broggi, en el prólogo del libro.

Julian Assange, *Autobiografía no autorizada*

«Pocas autobiografías se leen con la voracidad que despierta este libro». Ignacio Carrión, *Le Monde Diplomatique en español*

Jaume Puig-Junoy, *¿Quién teme al copago? El papel de los precios en nuestras decisiones sanitarias*

«Destierra la creencia de que la salud no tiene precio». *El Economista*

Colección Los panfletos del lince

Santiago Niño-Becerra, *Más allá del crash*
Más de 40.000 ejemplares vendidos.

«El profeta del crash». *ABC*

Amador Fernández-Savater y otros, *Las voces del 15-M*

«No somos antisistema, el sistema es antinosotros».